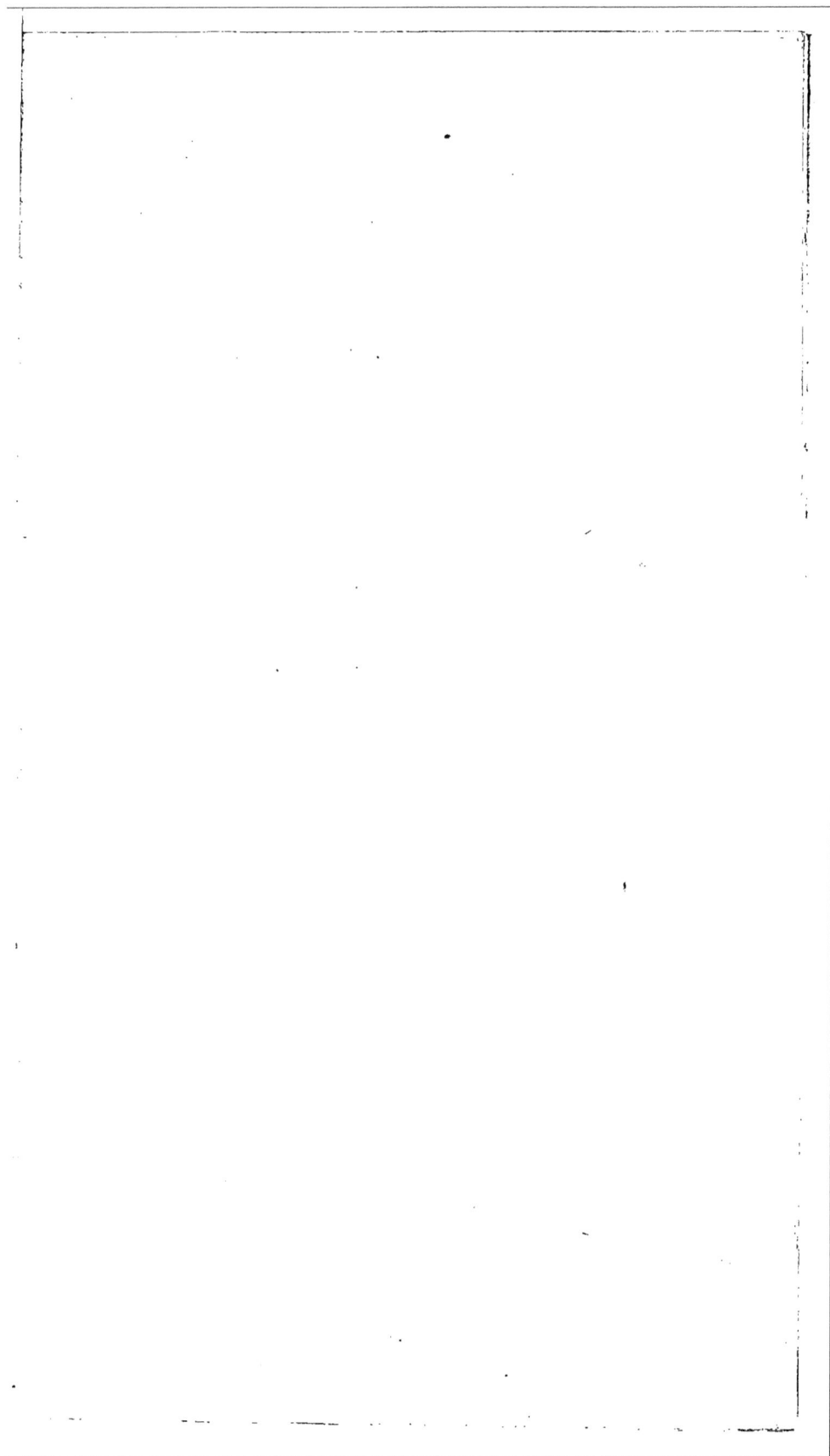

COUP D'ŒIL

Sur la position de Grenoble, tant en ce qui concerne la partie Militaire que la partie Civile, où l'on trouvera des observations sur les causes qui amènent le ravage des torrens et rivières; une manière de s'en garantir, et le danger de redresser les contours d'une rivière.

Par M. DE MONVAL, Chevalier de Saint-Louis, ancien Ingénieur Militaire.

A GRENOBLE,

De l'imprimerie de DAVID, place Neuve.

1816.

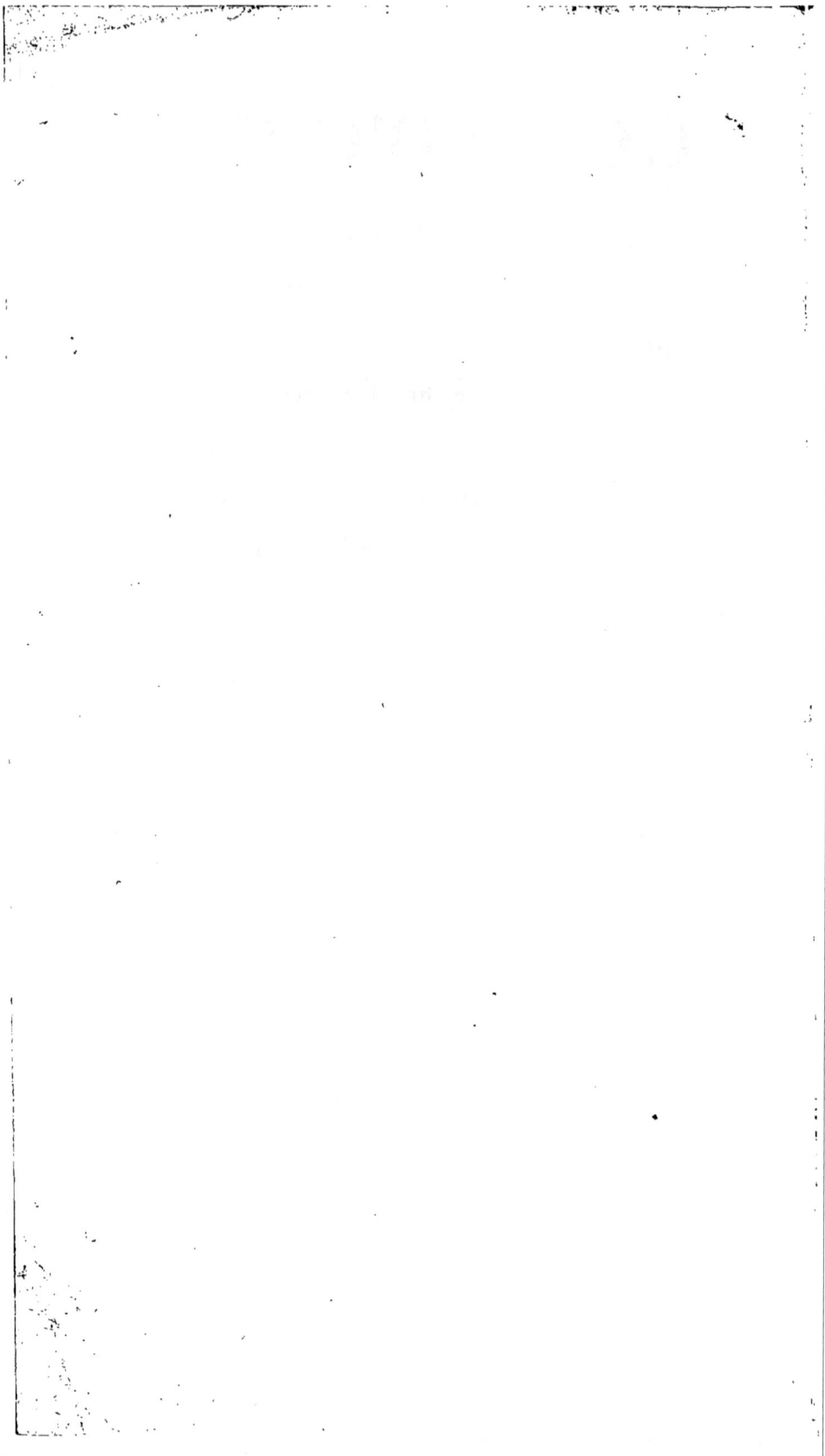

A Son Altesse Royale

Monsieur.

MONSEIGNEUR,

LORSQUE vous daignâtes accorder à la ville de Grenoble la faveur de votre auguste présence ; dans le moment de votre visite , sur la position de Mont—fleury , on vous parla du projet de faire de Grenoble une place de guerre , capable de soutenir un long siège , et de celui du redressement du lit de l'Isère au-dessus de la ville , dans la haute vallée du Graisivaudan ; je suis fâché de n'avoir pas eu le bonheur d'y être présent , je vous aurais fait voir l'inutilité et les inconvéniens du premier projet , et en même-tems les dangers éminens qui menacent la ville de Grenoble , dans l'exécution du second.

Que votre ALTESSE ROYALE daigne jeter un coup d'œil sur ce Mémoire , que je crois important ! il développe ce que j'aurais désiré lui prouver de vive voix. J'ose prendre la liberté de lui en faire hommage, il verra si je me suis écarté de la vérité , dans le tableau que j'ai fait du local , et sur - tout que ma seule et unique ambition est d'éviter au Roi , votre auguste frère , des dépenses inutiles , et en même-tems de lui prouver que je n'ai pas cessé un

seul instant d'avoir pour l'auguste famille des Bour-
bons, mes légitimes Souverains, les plus profonds
sentimens d'amour et de fidélité ; j'ose vous supplier
d'en être l'interprête auprès de Sa Majesté , et de me
croire avec les sentimens du plus profond respect,

De votre Altesse Royale ,

MONSEIGNEUR,

Le très-humble et très-fidèle sujet.

MONVAL , Chevalier de Saint-Louis ,
ancien Officier au Corps-Royal du Génie militaire.

ERRATA.

Pag. 13, lig. 17, au lieu de, celle, *lisez*, celui.

Pag. 16, lig. 19, au lieu de, peys, *lisez*, pays.

Pag. 17, lig. 13, au lieu de, et ce qu'elles ont de plus favorable, *lisez*, et ce que les montagnes ont de plus favorable.

Pag. 18, lig. 1.ere, au lieu de, dans la construc— tion des montagnes, *lisez*, dans leur construction.

Pag. 55, lig. 12, au lieu de, communicans, *lisez*, communiquant.

Pag. 64, lig. 11, au lieu de, ne permet pas, *lisez* ne permettent pas.

Idem, lig. 21, au lieu de, défendant, *lisez*, défendent.

Pag. 84, lig. 14, au lieu de, 11, lisez, 17.

Pag. 93, lig. 23, au lieu de, et a vaincu, *lisez*, a vaincu.

Page 110, note 23, lig. 4, au lieu de, répercution, *lisez*, répercussion.

REFLEXION *importante , oubliée dans ce Mémoire* (*)

Il existe une rivalité entre Valence et Grenoble ; pour l'établissement d'une École d'Artillerie. Tâchons d'examiner , sans prévention , dans laquelle de ces deux villes cet établissement sera le plus favorable au Roi.

Par le Mémoire ci-après , l'on verra que sans autres dépenses qu'un remuement en terre , Grenoble se trouve imprenable , et procure un grand dépôt à l'abri des ravages d'un siège. Comme ville frontière, sa défense est indispensable ; pour l'obtenir, ce simple remuement en terre ne peut s'exécuter sans le secours de l'artillerie, habituée à ces sortes de travaux ; et comme il peut arriver des circonstances qui exigent la plus grande célérité, il résulte de là que l'établissement d'une Ecole d'Artillerie dans cette ville y est très-nécessaire ; tandis qu'à Valence il y est inutile.

(*) On me permettra de mettre au commencement de ce Mémoire une réflexion que j'avais oublié d'y insérer , et qui aurait dû être placée à la fin.

Grenoble a besoin d'une Artillerie pour défendre son extérieur ; Valence n'en a pas besoin, à moins qu'on en voulût aussi faire une place de guerre inutile.

L'emplacement de l'Ecole d'Artillerie est tout fait à Grenoble ; à Valence il est encore à faire, et jamais il ne pourra entrer en comparaison avec celui de Grenoble.

En descendant sur l'Isère, le transport de l'artillerie de Grenoble à Valence, peut se faire en quinze heures, sans presque aucun frais ; celui de Valence à Grenoble ne peut s'exécuter qu'en quatre jours, et à grands frais.

Le transport de l'artillerie dans le haut Dauphiné, par la route de Gap, est bien plus rapproché que celui de Valence. Quant à son transport dans la Provence et dans le Languedoc, l'intervalle de quinze heures qu'il faudrait de plus pour faire partir l'Artillerie de Grenoble, ne saurait balancer les avantages que l'on trouve à y établir son école.

Enfin, Grenoble devenant imprenable en faisant usage de ses défenses extérieures, et ne craignant pas les désastres d'un siège, présente un dépôt plus assuré que

Valence, qui n'est pas à l'abri d'un coup de main.

Trop souvent les intérêts du Roi, et par conséquent de l'État, ont cédé aux intérêts particuliers. Le Roi et ses Ministres ne peuvent pas tout voir, tout savoir ; un général, un homme en place, veulent-ils favoriser un projet quelconque, soit par intérêt, soit par amour propre, ce désir leur fait souvent oublier l'intérêt général, et c'est, ce me semble, ce qui arrive à la préférence que l'on semble donner à Valence sur Grenoble, pour l'établissement d'une école d'Artillerie ; dans cette circonstance, il est malheureux, pour le bien public, que cette décision soit influencée par un général, dont l'intérêt est de la faire décider en faveur de Valence.

L'on pourrait en dire la même chose dans la gestion des différens corps de l'État, où chacun travaille en particulier pour faire recevoir ce qui concerne son état, sans calculer si ce qu'il propose convient à l'intérêt général du père de famille, qui, dans ce moment, veille sans distinction sur le bien être de tous ses enfans. Ce cruel égoïsme, ce cruel amour propre, ont causé souvent des dépenses énormes qui , pour l'intérêt commun, auraient été bien mieux employées ailleurs.

Tous les ingénieurs militaires et civils , même les hommes en place , trompés par des raisonnemens captieux, avaient applaudi au redressement de l Isère , au-dessus de Grenoble ; et lorsque j'osai élever la voix contre ce fatal projet , on me menaça de m'envoyer dans les îles, espérant par-là de m'imposer silence. Quel était donc l'acharnement de maintenir ce projet, et même d'en parler encore ? c'était l'intérêt particulier, l'amour propre blessé, qui ne voulaient pas qu'il fût dit qu'on s'étaient trompé, et l'on ne s'apercevait pas qu'en voulant soutenir cette erreur , on courait le risque d'anéantir la ville de Grenoble. Peut-être ce Mémoire , fondé sur des vérités et des faits incontestables, sera-t-il aussi mis dans l'oubli ? N'importe, j'aurai fait mon devoir ; et si malheureusement il devient inutile , la suite prouvera combien toutes mes observations étaient fondées.

RÉSUMÉ

RÉSUMÉ

DES MATIÈRES CONTENUES DANS CE MÉMOIRE,

SUIVI de sa conclusion.

1.º Une frontière, couverte par une barrière telle que la chaîne des Alpes, devient impénétrable, si on use des moyens qu'elle présente à chaque pas pour la défendre.

2.º Depuis l'établissement des Gardes-Nationales, qui ont un intérêt majeur de défendre leurs possessions de l'invasion étrangère, et qui connaissent mieux tous les endroits qu'il faut défendre, on peut espérer que par la suite, en les électrisant encore par des récompenses civiles et militaires, cette défense deviendra bien plus facile et moins dispendieuse au Roi, en ce qu'elle exigera moins de troupes de lignes et de munition, tant de bouche que de guerre, que le local fournira lui-même.

3.º Depuis la cession de la Savoie, pour remplacer la chaîne de défense des Alpes, depuis le grand Mont-Cénis jusqu'au grand Mont-Saint-Bernard, on en trouve une autre qui vient s'appuyer sur le Rhône, et qui

passe par la tête de la haute vallée du Graisivaudan , le seul point qui ouvre cette
chaîne sur Grenoble au passage de l'artillerie , et qu'il est important de conserver
pour ne point interrompre la défense de
la chaîne générale des Alpes.

4.° Grenoble , par sa position , ne lie
point cette chaîne générale de défense ; et
par sa position , au pied du Mont-Rachet ,
qui le domine extraordinairement et de très-
près , avec des dépenses énormes que l'on
serait obligé d'y employer , pour en faire
une prétendue place de Guerre , ne donnerait en résultat qu'une très-médiocre défense , pour ne pas dire mauvaise , ce que
je démontre clairement, en suivant exactement les vrais principes de fortifications,
dont on ne doit jamais s'écarter.

5.° De cette démonstration, il suit qu'il est
presque impossible d'établir de bonnes places de guerre dans les positions dominées
de près par des hauteurs considérables.

6.° Grenoble est entouré d'un corps de
montagne , qui, quoique lié à la principale
chaîne de défense des Alpes , peut cependant être considéré comme indépendant et
offrir autour de lui une multiplicité de défenses, que nulle place de guerre ne saurait

remplacer, et dont la défense coïncide parfaitement avec celle des Alpes, et là réunit
sans aucune interruption. Il en est de même
de toutes les chaînes de hautes montagnes.

7.º En achevant de mettre Grenoble à
l'abri d'un coup de main, et ne défendant
uniquement que les trois passages par lesquels l'artillerie peut déboucher sur lui, on
le rend encore imprenable, et par ce moyen
l'on se procure l'unique et précieux avantage d'y avoir un grand dépôt à l'abri des
ravages d'un siège, ce que l'on prouve, en
offrant plus de moyens qu'il n'en faut pour
tranquilliser le Roi sur cet objet, et par-là
lui éviter des dépenses inutiles, qui ne sauraient jamais remplir l'objet que l'on se pro-
poserait (1).

_____

(1) D'après tout ce que j'observe dans ce Mémoire,
fondé sur la position de Grenoble et sur tous les vrais
principes de fortifications, s'il se trouve un ingénieur
qui puisse encore proposer de faire de Grenoble une
place de guerre, je le prie de trouver le moyen de
ne pas s'écarter des vrais principes de la fortification,
et sur-tout de le présenter dans tout son ensemble,
de tout prévoir, afin de ne pas venir dire, après
avoir fait des dépenses énormes : Mais il faut s'emparer de telle et telle hauteur qui le domine. Ici, tout
ou rien. J'espère que de l'énormité de sa dépense, il
en résultera un bien, ainsi qu'il en a résulté un

8.º Les contours de l'Isère, dans la vallée supérieure du Graisivaudan, sont absolument

du redressement du cours de l'Isère, qui, peut-être, aurait été exécuté, sans la dépense de 13 à 14 millions, qui a arrêté cet infernal projet dans son exécution. Heureuse dépense, qui a sauvé la ville de Grenoble et ses environs ! Et qui de même, dans le projet de faire de Grenoble une place de guerre, épargnerait au Roi l'emploi d'un argent si nécessaire aux places de guerre, sur les frontières qui n'ont pas l'avantage d'être couvertes par une chaîne, telle que celle des Alpes.

Il n'est pas inutile de mettre ici la réponse d'un de ceux qui soutiennent le projet de faire de Grenoble une place de guerre, lorsque je lui mis en avant la position de Mont-Fleuri, d'où l'on pourrait raser toutes les maisons de la ville. — Qu'importe les maisons et tous les habitans de Grenoble, pourvu que je mette à l'abri les troupes et les bâtimens du Roi ? — Oui, sans doute, vous les mettrez un instant à couvert, puisque ces maisons vous servent momentanément de parados. Mais après leur destruction, arrivera celle des bâtimens militaires, et encore ces maisons ne serviront-elles pas de parados au grand arsenal, à la citadelle, et sur-tout aux nouvelles fortifications à faire sur le bord du nouveau canal ; c'est donc sur la ruine entière d'une ville, que vous appuyez votre système de fortification ; car sans ces pauvres maisons que vous abandonnez si facilement, il vous serait impossible de tenir dans votre place, et cela pour en obtenir une très-médiocre, qui ne lie point la chaîne générale de défense, et dont indispensables à conserver pour la défense de la haute vallée, première raison concernant le militaire. Pour seconde raison, concernant la partie civile, c'est que le redressement proposé de ces contours, s'il n'anéantissait pas la ville dans les grandes crues d'eaux, la mettrait tout au moins dans un danger éminent et continuel, et je le prouve clairement, non par des expériences qui peuvent être fautives, mais par des faits qu'on ne saurait révoquer en doute, appuyés par l'avis du vicomte Dubuat, le seul savant qui, jusqu'à ce jour, ait appliqué les principes hydrauliques sur le cours des rivières et torrens.

9.º Pour parvenir clairement à ces preuves, il a fallu remonter au principe, et

---

même une partie compose les magasins du Roi, qu'il faudrait reconstruire, et le tout pour soutenir votre idée de projet, idée cruelle qui n'entrera jamais dans le cœur de notre père commun, et qui serait bien digne des partisans de l'atroce tyran qui, pour soutenir sa folle ambition, ne craignait pas de sacrifier tout un peuple ; s'il était possible qu'il existât encore de ses partisans sous le règne paternel de Louis-le-Désiré. Cette idée pourrait s'excuser, si on ne trouvait pas un moyen plus avantageux de tirer parti de la position de Grenoble.

connaître la première cause du ravage des torrens et rivières ; c'est ce que j'ai fait, et en même tems j'ai indiqué une manière de s'en garantir, qui attaque directement le premier principe du mal, ce qui m'a conduit naturellement à faire voir que toutes les méthodes que l'on a employées jusqu'à ce moment, sont insuffisantes et même nuisibles, en ce qu'elles ne combattent pas directement la vraie cause du ravage des eaux, bien au contraire, elles semblent la favoriser, et presque toujours pour remédier à un mal local, elles peuvent amener par la suite la destruction d'une contrée entière : qui assurera que tous les ravages des eaux, dont les papiers publics fourmillent, n'aient pas pour cause première celle que j'indique dans cet ouvrage ?

Grenoble et le bas de la vallée du Graisivaudan seraient dans ce cas là, si on effectuait le projet du redressement de l'Isère, au-dessus de cette ville, puisque son unique débouché, autour du rocher de l'Echaillon, se resserre tous les jours davantage, par les déblais que le torrent de l'Oise y amène lors de ses crues ; qui pourra assurer qu'il n'amenera pas un jour une assez grande quantité de déblais, pour intercepter entièrement ce passage, et produire le même effet que le lac de Luc, qui a enseveli l'ancienne capitale des Voconces?

Ce résumé et la conclusion devraient être placés à la fin de ce Mémoire ; ce qui m'engage à les mettre ici, c'est pour présenter de suite, aux yeux du Prince auguste, qui n'aurait pas le tems de lire ce Mémoire, combien le Roi et par conséquent l'Etat trouveront d'avantages et d'économies, en suivant les principes que je développe dans ce petit Ouvrage, principes, fondés non sur des raisonnemens métaphysiques, mais bien sur des faits physiques, à la portée de tous ceux qui voudront bien y donner quelque attention.

CONCLUSION de ce Mémoire.

LA seule dépense à faire, résultante de ce Mémoire, et en même tems la plus sage, c'est de bâtir, à douze mille mètres au-dessus de Grenoble, un fort sur la hauteur de la Veirie, avec plusieurs étages de batteries, pour balayer la plaine, et soutenir l'excellente ligne de défense que présente le grand contour de l'Isère, et les trois torrens qui

la lient à la chaîne de défense générale des
Alpes ; de mettre Grenoble à l'abri d'un
coup de main , ce qui est presque fait , à
l'exception de deux portes crénelées, à l'entrée et à la sortie des deux ponts qui traversent l'Isère, et servent de communication
au faubourg St-Laurent, qui est appuyé contre
le Mont-Rachet, et , par ce moyen , couper
toute communication entre cette montagne
et la ville, dans laquelle sont situés tous les
dépôts, et même , en cas de nécessité, le
fort de la Veirie peut s'exécuter en terre.

En lisant attentivement ce Mémoire, l'on
s'assurera qu'avec cette seule précaution,
Sa Majesté peut être tranquille sur la défense
de cette frontière, pourvu que l'on prépare
à l'avance un travail qui indique tous les
moyens de défense , dont l'exécution peut
se faire, en terre, dans l'espace de quinze
jours , moyens qui présentent à l'ennemi
des obstacles invincibles sur l'enveloppe qui
entoure Grenoble, et principalement sur les
trois seuls passages praticables à l'artillerie.

Le premier et le seul principal qui existe
contre l'invasion extérieure , est celui qui
est à la tête de la vallée du Graisivaudan.

Le second est par la route de Gap , ce qui

suppose qu'on a laissé l'ennemi maître de
pénétrer dans le Haut-Dauphiné et la Haute-
Provence.

Le troisième, par le bas de la vallée, qui
suppose encore que l'ennemi vient de l'intérieur de la France, ou a forcé le passage
de la chaîne de défense, entre la vallée du
Graisivaudan et le Rhône.

Il a fallu supposer que Grenoble serait
attaqué par trois corps d'armée, dirigés dans
le même moment sur ces trois passages, pour
prouver que cette ville était entourée d'une
fortification naturelle et indépendante : bien
plus, en abandonnant tout le développement
de la coquille qui fournit les eaux de la
Romanche et du Drac, et se contentant
seulement de garder celle qui part du rocher
de Saint-Hugon jusqu'à celui de l'Echaillon,
lequel enveloppe directement la vallée du
Graisivaudan, on est encore en sûreté : même
on le serait encore contre le passage de l'artillerie, en se contentant de défendre les trois
passages indiqués ci-dessus (2) ; Grenoble

---

(2) Il est arrivé dans cette guerre que l'on a bien pu
transporter à bras d'homme, sur des hauteurs que
l'on croyait inaccessibles à l'artillerie, des pièces de
canon de moyenne grosseur ; mais s'il avait fallu les

étant parfaitement à couvert d'un coup de
main, on ne saurait s'en emparer, ni lui
faire aucun dommage sensible, sans le secours de l'artillerie.

Il est nécessaire d'entretenir les bâtimens
de la Grande-Chartreuse et des deux autres
Chartreuses désignées dans ce Mémoire, afin
de pouvoir y placer des postes.

Il devrait être inutile de dire ici que, dans
tous les cas, tant au civil qu'au militaire,
il faut conserver les contours de l'Isère dans
la haute vallée du Graisivaudan.

---

franchir avec toute l'artillerie nécessaire à un siège,
ç'eût été une autre affaire, et sur-tout si on avait pris
la moindre précaution pour empêcher une pareille
manœuvre ; ce n'est donc que faute de prévoyance
qu'elles ont réussi. Mais ici il s'agit de surmonter
une chaîne de rochers tellement élevée, que sa sommité est presque toujours couverte de neige, dont
les abords, prolongés sur plusieurs lieues, demande-
raient un travail de plusieurs années, qui ne saurait
s'exécuter dans l'espace d'une campagne ; quand
même on ne mettrait aucun obstacle à une pareille
entreprise, à plus forte raison deviendrait-elle plus
difficile, si on voulait y apporter tous les obstacles
que présente le local.

COUP D'ŒIL

SUR la position de Grenoble, tant en ce qui concerne la partie Militaire, que la partie Civile, où l'on trouvera des Observations sur les causes qui amènent le ravage des Torrens et Rivières, une manière de s'en garantir, et le danger de redresser les contours d'une rivière.

AVANT-PROPOS.

UNE frontière couverte par une chaîne de défense telle que celle des Alpes, devient impénétrable, si l'on use des moyens de défense qu'elle présente à chaque pas. Jusqu'ici il semble qu'on ait méconnu les ressources immenses qu'une pareille barrière offre contre une invasion ; l'on s'est bien contenté, quelquefois, de défendre isolément quelques positions ; mais dès le moment qu'elles étaient forcées, l'on abandonnait un terrain immense, qui, à chaque pas, présente des

points uniques de défense , capables d'arrêter une armée entière , et cela par la seule
cause que tout l'ensemble de ces défenses
n'avait pas été vu , prévu , ni calculé , tant
dans sa totalité que dans ses détails.

Afin de ne pas tomber dans une pareille
faute , il est donc du plus grand intérêt que
MM. du Corps Royal du Génie , appréciant
une pareille défense , calculent et désignent
d'avance tous les avantages que l'on en peut
retirer , en défendant , pied à pied , toutes
les positions dont les terrains de montagnes
fourmillent ; cela serait plus avantageux au
Roi , et lui économiserait des dépenses inutiles pour défendre une chaîne telle que celle
des Alpes. Ce travail serait plus essentiel
que celui de calculer le projet d'une place de
guerre , presque toujours inutile , ou très-
difficile à bien fortifier dans les peys de
montagne : Grenoble est dans ce cas là , et
si , par une fausse supposition , ce projet
devenait nécessaire , il faudrait , vu son
énorme dépense , un siècle pour l'exécuter ,
et son résultat ne présenterait qu'une place
de très-médiocre défense, qui certainement
ne contre-balancerait pas, à beaucoup près,
sa dépense, ainsi que je le prouverai ci-
après :

Cet

Cet inconvénient n'existe pas dans la
défense des montagnes (3) ; quinze jours
suffisent pour construire des redoutes,
des parapets en terre, des fossés et des
approvisionnemens de pierre, de troncs
d'arbres (que je nommerai matériaux), que
l'on rassemblera sur les sommités des pentes
que l'on veut défendre, arme bien plus
terrible, dans ces sortes d'occasions, que l'artillerie et la mousqueterie ; ce qui exige le
plus de tems, c'est de combiner et de calculer toutes ces défenses ; c'est pourquoi il faut
que ce travail soit fait à l'avance, et ce
qu'elles ont de plus favorable, c'est que la
liaison de tous leurs points, se trouvent

---

(3) J'ai fait, pendant mon absence de France, un
ouvrage sur la guerre défensive des montagnes, que
des généraux distingués ont trouvé assez bon pour
me conseiller de le faire imprimer ; il est entre les
mains de mon fils, chevalier de Saint-Louis et lieu-
tenant-colonel dans l'Etat-major de la garde Royale ;
il a été aussi lu par plusieurs officiers généraux du
Génie, qui l'ont trouvé bon ; l'un d'eux a eu la
bonté de me le garder six mois, apparemment pour
y puiser des matériaux pour un ouvrage qu'il a donné
au public, où j'ai reconnu mes enfans. Dans ce
tems, je n'aurais pas consenti à le donner au public ;
maintenant il est aux ordres de mon Roi.

naturellement dans la construction des montagnes, dont les différens rameaux se lient tous ensemble par des pentes susceptibles de défense; en sorte que l'on peut comparer leurs ramifications aux branches d'un arbre, dont le tronc serait représenté par la principale chaîne, telle que la crête des Alpes, qui sépare les eaux de l'Italie, de celles de la France, et sur chacune de ces ramifications, il se trouve d'excellentes positions, toutes liées ensemble par des pentes très-favorables à la défense, ainsi que je viens de l'observer. (4)

Combien cette défense deviendrait plus facile par la suite, et exigerait bien moins de troupes de lignes, au moyen des gardes nationales, qui, plus intéressées à garantir leurs propriétés de toutes invasions, et connoissant mieux les passages par où l'ennemi

(4) Toutes les montagnes de l'Europe se lient ensemble, les Alpes aux Pyrénées, aux Ardennes, aux montagnes de l'Allemagne, de la Russie, etc.; pour s'en convaincre, on n'a qu'à prendre une carte et suivre les lignes qui séparent les eaux pendantes sur les fleuves et rivières, on parcourra toute la terre sans passer un seul petit ruisseau, les canaux de main d'homme exceptés; ceci est connu de tout le monde.

pourrait y pénétrer, offriraient une ressource, dont on n'a point fait usage jusqu'ici! l'on pourrait, pour les électriser davantage, ajouter des récompenses civiles et militaires pour celles qui auraient défendu un passage, ou qui auraient résisté à une attaque; il ne s'agit point, dans ce cas, de savoir parfaitement faire l'exercice; il n'y a point de paysans, placés contre un parapet ou dans un fossé, qui ignore la manière de savoir tirer un coup de fusil, et sur-tout d'ébranler les matériaux approvisionnés sur les sommités des pentes, pour écraser tous ceux qui oseraient les grimper, et à toutes ces défenses l'artillerie devient inutile quand même il serait possible de l'y amener.

Puisque, par la cession de la Savoie, nous n'avons plus la ligne de défense des frontières, depuis le col du grand Mont-Cenis, jusqu'à celui du grand Mont-Saint-Bernard, il est essentiel de la remplacer par une ligne de défense, qui, partant du rocher de Saint-Hugon (5) vient s'appuyer sur le

---

(5) Ce rocher se lie parfaitement à la grande chaîne des Alpes, qui couvre le Haut-Dauphiné et la Haute-Provence.

Rhône, en traversant le corps de Montagne, situé entre la vallée du Graisivaudan et ce fleuve, et de lier ensemble tous les points de cette ligne.

Je n'entrerai point dans les détails de la ligne des frontières, depuis le col de Tende (par où passe la grande route du Piémont, dans le comté de Nice), jusqu'au Rhône, cela sortirait de l'objet que je me propose, fixé simplement sur la position de Grenoble, que je veux démontrer indépendante, pour sa défense extérieure, de celle des Alpes, et la considérer, pour ainsi dire, comme une grande place forte que l'on doit défendre également dans tout son pourtour; tout ce que je me permettrai d'affirmer, c'est qu'il existe, sur toute la ligne générale de défense des Alpes, un assemblage de positions, tout au moins aussi fort que celui que nous allons parcourir; je dis tout au moins, parce qu'en avançant dans le Haut-Dauphiné et la Haute-Provence, les vallons deviennent de plus en plus resserrés, les torrens plus rapides, plus profonds, et le terrain plus agreste; en les défendant pied à pied, il est impossible qu'un ennemi, instruit des précautions que l'on aura prises, ose tenter de franchir une barrière, que la nature semble avoir placée exprès, pour garantir un grand Royaume de l'invasion.

Je me renfermerai donc à décrire simplement les corps de montagne qui entourent Grenoble, et qui présentent un assemblage de défense, bien au-delà de celui d'une place de guerre la mieux fortifiée, qui n'offre jamais qu'un seul et unique point de défense, et dont la ressource intérieure, soit pour les vivres, soit pour les fourrages et les bois, ne saurait se comparer à celle d'une grande étendue de terrain, qui puise toutes ses ressources dans son sein. D'ailleurs, quand même une place de guerre ne serait pas prise, ces désastres intérieurs, suite naturelle d'un siège, sont toujours très-préjudiciables, tandis que, si l'on peut obtenir une défense extérieure, on est à l'abri de pareils inconvéniens.

Comme dans la défense de la haute vallée, les contours de l'Isère y sont nécessaires à conserver, cela m'a engagé à démontrer combien leur redressement mettrait en danger la ville de Grenoble, et, pour partir des premiers principes, j'ai dû parler des causes qui amènent le ravage des torrens et rivières.

Dans ce que je viens de dire, l'on doit voir l'objet que je me propose, c'est d'épargner au Roi des dépenses inutiles, et de le tranquilliser sur cette partie de frontière, en prenant toutefois les précautions que je viens d'indiquer, et par ce moyen lui procurer la facilité de porter tous ses fonds, pour multiplier et resserrer les points de défense, sur les frontières qui exigent des places de guerre.

Coup d'œil sur la position militaire de Grenoble, en ce qui concerne l'enveloppe des Montagnes qui l'entourent.

Pour bien suivre le fil de tout ce que je vais dire, il faut avoir, sous les yeux, une grande carte exacte de la province du Dauphiné. L'on m'excusera si je me trompe sur quelques noms de cols ou de passages, qui ne changent en rien à la localité du terrain.

1.º Le premier corps de montagne qui se présente sur la rive droite de l'Isère, et qui remplit l'angle aigu , au sommet duquel Grenoble est situé, et dont la vallée haute et basse du Grésivaudan, forment les deux côtés, aura pour enveloppe, à partir du haut de la vallée, en avant du fort Barraux, le torrent de Combe-Noire, jusqu'à la dent de Granter, dont on suivra le rocher jusqu'à la source du Guiers-Vif, d'où l'on ira jusqu'à l'embouchure de l'Hérédan, pour venir tomber sur le bourg de Voreppe, situé au bas de la vallée, en suivant les torrens de l'Hérédan et de l'Oise, et passant sur le col Brénier. (6)

2.º L'enveloppe du second corps de montagne qui remplit l'angle obtus , enveloppant l'angle aigu , suivra la crête du grand contre-fort, à l'extrémité de laquelle se trouve le rocher de l'Echaillon, situé vis-à-vis Voreppe, jusqu'au torrent de Bourne ; elle remontera en passant sous le bourg du Villard, et de là viendra s'appuyer sur la bande de rocher , dont l'extrémité

---

(6) Ce corps de montagne est entièrement séparé de celui des Alpes , par son ouverture sur Genève , c'est-à-dire , pour sa communication.

finit au village de Saint-Nizier, en suivant le torrent du Mouret, qui se jète dans le Bourne, et elle parcourra ensuite la haute chaîne qui sépare les eaux de la Drôme, de la Durance et du torrent de la Morienne, de celle du Drac, de la Romanche et de l'Isère, jusqu'au rocher de Saint-Huguon, d'où elle regagnera le haut de la vallée, par le cours du Bréda, qui se jète dans l'Isère, vis-à-vis le fort Barraux.

J'appellerai corps de montagne de la Grande - Chartreuse, celui qui remplit l'angle aigu, et celui qui remplit l'angle obtus, corps de montagne, ou grand et petit contre-fort des Alpes ; ces deux corps de montagne sont entièrement séparés, en fait de communication, par l'ouverture de la vallée sur Genève.

3.º Par la description que je viens de faire, l'on doit voir que la vallée du Graisivaudan forme, en deux directions différentes, les deux lignes qui séparent l'angle aigu de l'angle obtus ; je ferai voir ci-après, qu'il n'y a d'abordable ou plutôt de passage pour l'artillerie, que les deux entrées hautes et basses de cette vallée, et que ce sont les deux seuls

points qui exigent une défense bien combi-
née, et où il est nécessaire de faire usage
de l'artillerie.

4.º La porte de France, première entrée
sur Grenoble, en venant de l'intérieur de la
France, est appuyée à l'angle aigu formé
par l'extrémité du contre-fort, appelé Mont-
Rachet, appartenant au corps de montagne
de la Grande-Chartreuse; la ville est plaquée
contre la face droite de cet angle; en pro-
longeant ses deux côtés, le premier depuis
Grenoble, jusqu'au torrent de Combe-Noire,
a 37000 mètres, et celui de la basse vallée,
jusqu'au torrent de l'Oise, 13500 mètres.

5.º La ligne de défense extérieure de ce
corps de montagne, suivra la crête des
contre-forts et pentes qui pendent sur l'enveloppe que j'ai indiquée art. 1.er. Le développement de cette ligne, en suivant la sommité des pentes, a 20000 mètres, et le dou-
ble en suivant le fond des vallons.

6.º Il serait avantageux d'occuper dans le
bas de la vallée la montagne de Raz, au
pied de laquelle est un rocher escarpé,
faisant face au rocher de l'Echaillon situé
sur la rive gauche de l'Isère, distant l'un de

l'autre de 16 à 1700 mètres, seule ouverture
au bas de la vallée, sur l'intérieur de la
France ; en sorte que de loin, l'on croit
ces deux montagnes réunies, et ce n'est
qu'en arrivant à Moirans, distant d'une
lieue, que l'on aperçoit cette ouverture, qui
représente une grande porte. En établissant
une batterie sur chacun de ces rochers, on
aurait des feux croisés assez rasans, parce que
l'escarpement de ces rochers a peu de hauteur, et commence au niveau de la plaine.

7.º L'Oise et le bourg de Voreppe se présentent en arrière; le torrent se trouve enfermé entre deux fortes digues, fort exhaussées, qui peuvent servir de deux doubles
parapets, flanqués en avant et en arrière
par les deux batteries ci-dessus ; à droite
par le bourg de Voreppe très-aisé à fortifier,
et par une superbe position au-dessus du
bourg, et à gauche par les batteries établies
sur la rive gauche de l'Isère, ou dans les
îles de cette rivière, dont on sera toujours
le maître comme nous le verrons ci-après.
Le reste de la vallée jusqu'à Grenoble, jouira
du même avantage par les batteries de la
gauche de l'Isère, et par les emplacemens pris

au bas de la montagne de la Chartreuse, dont on sera toujours en possession; en sorte que l'ennemi, pour pénétrer sur Grenoble, sera obligé de cheminer continuellement entre ces deux feux, et trouvera à chaque pas une ligne de défense qui lui barrera le passage et lui opposera des feux directs: je vais parcourir quelques-unes de ces lignes.

8.° La première se présente, ainsi que je viens de le dire, au torrent de l'Oise, le bourg de Voreppe fortifié au centre; la seconde au ruisseau du Plâtre; la troisième au Pont-de-l'Avanche; la quatrième à la Buisserate, position imprenable, parce que l'Isère coule presque au pied d'un rocher escarpé, où l'on écraserait une armée avec le simple roulement des matériaux, qui, lancés du haut du rocher, rouleraient jusques dans la rivière; la cinquième au pont de Pic-Pierre, que les Autrichiens n'osèrent jamais forcer, quoique de beaucoup moins forte que celle de la Buisserate : je reviendrai à cette position.

9.° Entre toutes ces défenses, il en existe une infinité d'autres, qu'il serait trop long de passer en revue, et qu'on abandonna aux Autrichiens qui ne se seraient jamais

rendus maîtres de la première ligne en avant
de Voreppe, si ceux qui la défendaient ne
s'étaient pas laissés tourner par le bas du
torrent; n'ayant pris aucune précaution pour
défendre les lignes intermédiaires, ils furent
obligés de se retirer sur la position du pont
de Pic-Pierre, où l'on avait fait un mauvais
parapet en terre, et par là abandonnèrent
12000 mètres de terrain, où à chaque pas
ils auraient pu arrêter les Autrichiens, et
c'est ce qui arrive toujours dans ces sortes
d'occasions, lorsque ces défenses ne sont
pas prévues, ni calculées d'avance, et même
les positions préparées avec l'exécution en
terre, faite au moins à fur et à mesure que
l'on juge en avoir besoin.

10.º A la position du pont de Pic-Pierre,
qui n'a pas, comme celle de la Buisserate,
un rocher à pic, que l'on ne peut tourner,
la rivière resserre tellement ce point, qu'à
quelques pas en arrière, entre la grande
route et l'Isère, il n'y a qu'une pente très-
courte et très-rapide, qui, en longeant la
montée, finit exactement au bord de la
rivière; ce point devient très-fort, en plaçant sur les plateaux des batteries, et le

chemin étant coupé au travers d'une pente très-rapide, offre 8 à 900 mètres de longueur soumis au roulement des matériaux. (7)

11.° S'il était possible à l'ennemi de surmonter tous ces obstacles, continuellement pris en flanc, en écharpe, à revers, et même à dos, par les feux de la rive gauche de l'Isère, et par ceux des plateaux de la montagne, ainsi que sous le roulement des matériaux, il trouverait encore la porte de France, dont l'Isère mouille le pied, et qui est appuyée au bout du saillant de l'angle aigu du Mont-Rachet, présentant un rocher escarpé des deux côtés, sur une hauteur de près de vingt mètres, qui couvre presque entièrement toute la ville.

Il me semble que je viens de démontrer que ce côté-là est imprenable, ce que je ne dirais pas, si je n'avais pas une infinité de positions excellentes à présenter à l'ennemi, et que je n'en eusse qu'une ou deux ; ceci est pour toutes les défenses que je vais par-

---

(7) Je ne vois rien de plus terrible que ce roulement de matériaux, et c'est principalement cette défense que je recommande ; à l'affaire du col de l'Assiette, l'armée Française fut écrasée par ce seul moyen.

courir. Passons maintenant à celles de la haute vallée.

12.° Ainsi que je l'ai observé à l'avant-propos, il est absolument indispensable de lier le corps de la Grande-Chartreuse à celui des Alpes. La première ligne de défense qui se présente dans la haute vallée, est celle qui part de la dent de Granter, suit le torrent de Combe-Noire, vient gagner l'embouchure du Bréda, en suivant le cours de l'Isère, et toujours, sans quitter ce dernier torrent, va se lier au rocher de Saint-Hugon (8).

13.° La partie pendante sur le torrent de Combe-Noire, est très-rapide, et souvent coupée par des rochers; en sorte que le simple roulement des matériaux la rendrait inabordable : l'on pourrait placer un poste en avant de l'église de Belle.Combe, très-favorable à cet effet. Le plateau de l'Aragnée, plus avantageusement situé que le fort Barraux, pour barrer la vallée, défend le coude que l'on fait, pour venir gagner l'embouchure

---

(8) J'ai fait un projet sur cette ligne de défense, que l'on doit trouver dans le cabinet des fortifications du fort Barraux.

du Bréda. Ce plateau présente, du côté de la plaine, une pente rapide, au pied de laquelle coule la rivière de l'Isère ; il est plus avancé dans la plaine que le plateau du fort ; il n'a au-devant de lui que deux mille à deux mille cent mètres, tandis que le fort Barraux en a presque le double; sa hauteur, bien moins considérable, lui procure des feux presque rasant la plaine, avantage que n'a pas le fort Barraux ; sa superficie est infiniment plus considérable, et permettrait le campement d'un petit corps d'armée ; sa longueur sur la vallée, offre le moyen d'établir autant de batteries que l'on voudrait pour la flanquer : en s'emparant de cet emplacement, simplement par des ouvrages en terre, l'on aurait une excellente position, aisée à défiler par son éloignement de la montagne, et qui défendrait supérieurement presque toute la largeur de la vallée, ce que le fort Barraux est hors d'état de pouvoir faire. Les magasins et logemens de troupes pourraient se mettre partie dans le fort et partie dans le village, si l'on ne voulait pas faire la dépense d'y en établir, et dans le cas où ce point serait forcé, rien n'empêcherait, comme dans toutes les positions que j'indique, les troupes de se retirer dans les lignes en arrière, dont la première est représentée ici par celle du fort Barraux.

Le maréchal de Berwick occupa, sous Louis XIV, cette ligne de défense que je viens d'indiquer, depuis la dent de Granter jusqu'au rocher de Saint-Hugon, et l'ennemi quoique bien supérieur en force, n'osa pas l'y attaquer.

14.° La seconde ligne de défense qui se présente, toujours sur la rive droite de l'Isère, est celle du fort Barraux, avec les deux redoutes projetées sur deux plateaux, en avant et en arrière du village, essentielles à occuper, parce que le fort Barraux ne s'en défile pas, et qu'en second lieu, elles procureront des feux croisés sur la petite plaine que traverse la grande route de Chambéri à Grenoble, et sur laquelle est situé le village.

15.° Pour abréger des détails qui offrent par-tout les mêmes ressources, il existe, depuis le fort Barraux jusqu'à Bernin, huit à dix torrens formant chacun des combes, que l'on peut défendre les uns après les autres; et depuis le torrent de Combe-Noire

jusqu'en

jusqu'au dessus du village de la Terrasse, il existe deux bandes de rochers, laissant entr'elles une espèce de plaine où il y a quatre villages ou hameaux presque inabordables ; en lançant de gros matériaux de la plus basse, ils acquerraient une si grande vîtesse qu'ils rouleraient jusqu'au milieu de la plaine, ou tout au moins jusqu'à la grande route.

15.º A environ 12000 mètres de Grenoble, entre Bernin et Saint-Nazaire, on trouve la hauteur de la Veirie, qui semble placée exprès pour la défense de la vallée ; elle est pendante sur tout son pourtour ; elle présente un flanc immense à toute la vallée ; sa position, au tiers de sa largeur, lui permet de l'éclairer des deux côtés ; sa distance de la montagne de la Chartreuse, n'empêche, en aucune manière, son défilement ; son peu de hauteur lui donne autour d'elle des feux presque rasans, que l'on pourrait même se procurer, par plusieurs étages de batteries. Elle flanque en avant le grand contour que fait l'Isère, de Saint-Nazaire à Villard-Bonnot, qui est soumis à ces feux dans toute sa longueur ; ce contour coupe

la vallée presque dans toute sa largeur, et
semble placé par la nature, pour lier une
superbe chaîne de défense, depuis la hauteur de la Veirie jusqu'à la haute chaîne
des Alpes, par la direction de trois torrens
sur la rive gauche de l'Isère, qui, chacun en
en particulier, offre des défenses impéné-
trablés ainsi que nous le verrons ci-après,
quand je parlerai de la défense de la rive
gauche; les îles qui sont dans ce contour,
au milieu de la rivière, les positions excellentes prises sur la rive gauche aux pieds
des grands contre-forts, tout cela, dans son
ensemble, présente, dans toute la largeur de
la vallée, une ligne de défense que nulle
place de guerre ne saurait remplacer, et
qui, sans contredit, est bien au-dessus de la
position de Grenoble, qui non seulement
ne peut faire une bonne place de guerre,
mais encore ne lie point la chaîne de défense du corps de montagne de la Grande-
Chartreuse à celui des Alpes, ainsi que je le
démontrerai ci-après.

D'après ce que je viens de décrire, je
propose de construire un fort sur la hauteur de la Veirie; mais comme l'économie
et la célérité, dont je ne m'écarterai jamais,

président dans tous mes projets, une simple construction en terre suffit (8) ; il sera
approvisionné journellement, par les munitions et les troupes qui seront à Grenoble;
d'ailleurs les gardes nationales de tous les
villages considérables, qui sont autour de
lui, seraient plus que suffisantes pour le défendre, ainsi que les redoutes en terre que
l'on placerait, de distance en distance,
dans les îles de la rivière.

16.° Après cette hauteur, on trouve le
torrent de Manival, qui coupe la pente du
contre-fort par une combe profonde, que
l'on peut défendre, et qui vient se jeter
directement au contour de la rivière dont
je viens de parler, qui offre encore une
liaison de défense.

17.° Le château de Montbonnot, à cinq
mille mètres de Grenoble, situé sur une
petite hauteur isolée pendante sur tout son

_____

(8) Ces sortes d'ouvrages, lorsqu'ils sont bien exé-
cutés, valent mieux qu'une escarpe en maçonnerie,
où l'on peut faire brèche, en ayant l'attention de
présenter des talus bien rampans ; il est plus difficile de les grimper, parce qu'on ne peut y employer
l'échelle, comme aux escarpes en maçonnerie.

pourtour, et le village au - dessous fortifié, offrent une position excellente, qui,
jointe au contour de l'Isère et au torrent de
Domêne, sur la rive gauche, barre encore
entièrement la grande vallée. Il existe une
infinité de plateaux au pied de la montagne
de la Grande-Chartreuse, qui se lient au château de Montbonnot; enfin, la position à pic
du château de Bouquéron, celle de Mont-
fleuri, la combe de Vence, la plaine qui se
retrécit en arrivant à la porte de Saint-
Laurent, dont le chemin est dominé par
une pente très-rapide, tout cela lié avec les
contours de l'Isère et les torrens sur la rive
gauche, offre à chaque pas des lignes de
défense qui barrent la haute vallée.

Je me suis un peu étendu sur les détails
des lignes de défense de la haute et basse
vallée, parce que ce sont les deux seules
entrées praticables pour venir sur Grenoble;
j'y reviendrai encore, en parcourant les
défenses de la rive gauche. Maintenant je
vais parcourir les moyens de l'enveloppe
extérieure du corps de montagne de la
Grande-Chartreuse.

Les chartreux, en s'établissant dans cette

montagne, ont choisi le local le plus affreux, le plus agreste ; en plaçant un poste de deux cents hommes à la Grande-Chartreuse, trois autres moins considérables aux deux Chartreuses, de Courrière et de Chalais et au village du Sapey, on est parfaitement maître de ce corps de montagne, sur-tout en rassemblant des matériaux sur la sommité des pentes qui tombent sur le Guiers vif, venant se lier à la dent de Ganter, sur le Guiers mort qui se lie à l'arête ou rocher à pic de Bellefond, sur les torrents de l'Hérédant et de l'Oise ; tous ces torrens forment l'enveloppe du corps de montagne de la Grande - Chartreuse ; ces précautions bien prises, il devient impénétrable, et rend maître de toutes les pentes qui tombent dans la haute et basse vallée du Graisivaudan.

J'indique ici plus de moyens qu'il n'en faudrait pour s'assurer de ce corps de montagne si peu accessible, que, pour faire la route de Chambéri à Lyon, on a été obligé de pratiquer un passage souterrain au pas de la Grotte, en perçant un corps de montagne ; c'est par ce point que doit passer la ligne générale de défense des Alpes ; les Autri-

chiens ne s'en seraient jamais rendus maîtres ;
si , ainsi qu'à Voreppe, on ne s'était pas
laissé tourner par des sentiers de chasseurs , où il faut se tendre réciproquement
la main pour les traverser , et qu'un seul
homme intercepterait aisément.

Dans la défense générale, une redoute en
machicoulis devient utile au village des
Echelles ; elle peut aussi favoriser la défense
isolée du corps de montagne de la Chartreuse, et lui servir de poste avancé pour
l'éclairer.

Je vais passer sur la rive gauche de l'Isère ,
et parcourir les défenses de la haute vallée
du Graisivaudan , d'où je reviendrai à la
description de l'intérieur et de l'extérieur
de l'enveloppe que j'ai indiquée , art. 2 , afin
de faire voir qu'elle est impénétrable ; ensuite je finirai par indiquer les moyens de
défense de la basse vallée , sur cette rive
gauche.

18.° La première ligne de défense est
celle du Bréda, jusqu'au rocher de Saint-
Hugon ; cette ligne, jointe à celle que j'ai
indiquée , art. 11 et 12, présente à l'entrée
de la haute vallée , une défense des plus
longues et des plus opiniâtres, moyennant

une redoute en terre dans la première île de
l'Isère, qui se présente en avant de la Gache; une inondation dans la plaine en avant
du Bréda; le village de Pontcharra fortifié;
la Tour-d'Avalon mise en état de défense,
ainsi que le château Bayard; les villages
des Brétonnières et du Motaret; la défense
des pentes très-rapides qui tombent sur le
Bréda, par l'arme terrible du roulement des
matériaux; et si on le veut, on peut placer
encore des postes en avant, au château de
Beauregard, à l'hermitage de Mont-Peiza,
et à la Chartreuse de Saint-Hugon.

19.º Le contre-fort, qui sépare la vallée du
vallon d'Allevard, peut se défendre jusqu'au torrent du Cheila, par quatre Combes
formées au moyen des ruisseaux, et par une
infinité de plateaux situés au bas de sa pente;
il faut observer que devant lui, ainsi que
devant Pont-Charra, la vallée n'a que 4000
mètres de largeur; au milieu de cette distance se trouve le lit de l'Isère, entre-coupé
d'une infinité d'îles qui offrent les unes après
les autres des emplacemens uniques pour y
placer des batteries de canon, ou des redoutes dont l'attaque deviendrait très-difficile
et très-périlleuse.

20.° Le vallon d'Allevard se défend de même, en s'emparant à droite du château du Motard, et à gauche du plateau du Replat, et en profitant des coupures de ruisseaux qui descendent des pentes ; enfin , si cela devient nécessaire, en formant des innondations dans ce vallon au moyen du Bréda.

Du côté de Grenoble, en remontant la branche du Bréda, qui prend sa source aux sept lacs, on trouve le vallon de la Ferrière, que l'on peut défendre si l'on veut, quoique la sommité ne communique qu'à des rochers presque impraticables entre lesquels sont situés les sept lacs, dont les eaux fournissent le Bréda, et l'écoulement du dernier tombe dans l'Olle, torrent qui vient se jeter dans la Romanche, au bas du vallon du Bourg-d'Oysans.

Ici se dessine le grand contre - fort qui sépare les eaux pendantes sur l'Isère, de celles pendantes sur la Romanche; il s'attache sur l'enveloppe extérieure, indiquée, art. 2, et n'est coupée que par le passage du Bréda, formant le vallon de la Ferrière ; c'est à ce grand contre - fort que j'attacherai toutes les défenses de la vallée que je vais indiquer ci-après.

Et d'abord celle du torrent du Cheila, correspondante à celle du torrent du Touvet, sur la rive droite de l'Isère; celle des torrens de Goncelin, du Villarbozon, Dufey; celle du torrent d'Hurtière, correspondante au torrent de Monfort; enfin, la combe très-profonde du torrent des Adrets, venant presque se lier à la hauteur de la Veirie.

21.° Nous voici arrivés à la ligne de défense de la Veirie, que je regarde comme des plus respectables. J'ai fait observer, art. 15, qu'à l'extrémité inférieure de la hauteur de la Veirie, l'Isère forme un contour qui barre presque toute la largeur de la vallée; il ne laisse que 350 à 400 mètres de plaine devant le village de Villard-Bonnot; la partie de ce contour, sur la rive droite de l'Isère, s'appuie contre la hauteur de la Veirie; la partie gauche, vis-à-vis le village de Villard-Bonnot, se trouve barrée, soit par le village qui est un peu exhaussé sur la plaine; soit par un plateau en pente, qui offre un emplacement très-propice, rasant la plaine et flanquant supérieurement ce contour; en sorte que tout son terrain, en avant, est soumis, sur une longueur de près de deux mille mètres, à un feu de flanc croisé des batte-

ries de Villard-Bonnot et de la Veirie, et aux
feux directs établis dans les îles de ce contour. Cette batterie de Villard-Bonnot est
défendue, 1.º par la grande combe qui sépare
Laval de Saint-Agnès, au fond de laquelle
roule un torrent considérable, qui prend sa
naissance au Pas-de-la-Coche, seul passage
qui pénètre, d'une manière sensible, la principale créte du contre-fort, sur la vallée
de Maurienne.

Au débouché de ce torrent, où la plaine
a, jusqu'à l'Isère, sept cents mètres de largeur, il se trouve deux positions très-peu
élevées, le château Dumas à droite, et un
plateau de même hauteur à gauche; l'on
peut y établir des batteries presque rasantes.
La pente, qui règne sur la rive gauche de ce
torrent jusqu'au Pas-de-la-Coche, est en partie escarpée ou très-rapide; en sorte que
l'on pourrait faire rouler des matériaux qui
écraseraient tous ceux qui oseraient la monter. Les sept cents mètres de plaine peuvent
être presque entièrement couverts par une
inondation, en barrant le ruisseau dont le
volume d'eau est considérable.

2.º A 400 cents mètres en arrière, il se présente une autre ligne de défense par le tor-

rent de Vors ou de Saint-Agnès, qui a exactement le même avantage que celui de Laval,
et où la plaine, comprise entre la montagne
et l'Isère, a moins de largeur.

Enfin, il s'en présente une troisième à la
Combe-de-Lancey, qui tombe directement
sur le contour de l'Isère, qui a toujours le
même avantage que la Combe-de-Laval.
Voilà donc trois fortes lignes qui se lient à
celles de la Veirie, et dont la défense vaut
mieux que celle de Grenoble, place de guerre.

22.º A Doméne, distant de Grenoble de
9 mille mètres, la plaine n'a que sept à huit
cents mètres de large jusqu'à l'Isère; ce bourg
est placé contre la montagne; il domine
toute cette largeur de plaine; en le forti-
fiant et suivant la combe formée par son
ruisseau, on peut encore présenter une ligne
de défense, et toujours dans toutes ces
lignes, avec des inondations que l'on peut
former en avant d'elles.

A Gières, l'Isère forme un contour éloigné
de 5 mille mètres de Grenoble; de ce
contour, au pied de la montagne, la plaine
n'a, jusqu'à l'Isère, que deux cents mètres
au plus de largeur, et sur les 3500 mètres
restans, le contour en occupe la moitié.

Deux batteries placées sur la rive droite et
sur la rive gauche, un plateau presque isolé
au pied de la montagne en avant du village, celui-ci retranché, on trouve encore
ici une ligne retranchée très-forte, des plus
respectables, qui couvre le vallon d'Uriage,
dont je ferai mention ci-après.

Il me semble que j'ai assez désigné d'obstacles dans le haut de la vallée, pour rebuter une armée qui voudrait les franchir; il
ne me reste plus qu'une observation à faire.
L'ennemi cheminera ou sur la rive droite,
ou sur la rive gauche, ou bien il fera marcher de front ses deux attaques. Dans le
premier cas, il sera continuellement exposé
aux feux de flancs des batteries établies sur
la rive gauche de l'Isère, qui, avec celles
de la montagne de la Chartreuse, le pren-
dront entre deux feux. Il en sera de même
pour sa marche sur la rive gauche, par les
batteries de la droite, et celles au pied du
grand contre-fort des Alpes. Enfin, s'il fait
marcher de front ses deux attaques, cet
ensemble lui donnera assez de besogne pour
le rebuter de son entreprise.

23.º Venons maintenant à l'enveloppe dé-
signée, article 2; je vais la parcourir plus

en détail , pour prouver qu'en défendant tout ce corps de montagne, il n'existe aucun passage qui puisse inquiéter la ville de Grenoble , que ceux de la haute et basse vallée du Graisivaudan.

Par l'article 13, je suis arrivé jusqu'au rocher de Saint-Hugon ; à partir de ce rocher, l'enveloppe suivra la haute chaîne de rochers qui sert de frontière , dont la pente tombe sur la vallée de Maurienne, en passant par le col de la Croix , et suivant toutes les sommités qui séparent les eaux pendantes sur la Maurienne et la naissance de la Durance jusqu'au col de Sauze ; de ce point , elle suivra les sommités qui séparent les eaux du Drac de celles de la Drôme , passant par la montagne de Gap , les cols de la Croix-Haute , du Menei, de la montagne de Chichilianne , et viendra finir à la pointe du rocher de Saint-Nizier , en faisant , avant d'arriver à cette pointe , un crochet par le torrent de Bourne , pour regagner la sommité du contre-fort, qui finit au rocher de l'Echaillon , dont il est essentiel de se maintenir la possession.

En défendant les pentes qui tombent sur

le torrent de Bourne jusqu'au fort ruiné de
la Barbière, et celles du vallon qui aboutit
au col de Touron , où prend naissance
un autre torrent qui se jette dans l'Isère, à
l'ancienne manufacture de canon, on sera
maître , au moyen de ce crochet , de tout
le cours de la rivière, depuis cette manufacture jusqu'au rocher de l'Echaillon.

Toutes les combes que je viens de citer ,
pour joindre la défense du contre-fort de
l'Echaillon à celui de Saint-Nizier, sont pro-
fondément creusées et très-aisées à défendre : il serait avantageux de rétablir le fort
de la Barbière.

24.° Les sommités qui dessinent le développement que je viens de parcourir, repré-
sentent une espèce de coquille irrégulière
ramifiée , entre les rameaux desquels nais-
sent les eaux de la Romanche et du Drac,
pour venir se jeter dans l'Isère, à trois mille
mètres au-dessous de Grenoble. Je diviserai
ma description , en parcourant, l'un après
l'autre , les trois principaux rameaux ou contre-forts de cette coquille , dont le premier
sépare les eaux de l'Isère, de la Romanche, le
second , les eaux de la Romanche, de celles

du Drac, et le troisième, les eaux du Drac de celles de la Drôme et autres torrens se jetant dans l'Isère, au-dessous de la manufacture de canon.

24.° *bis.* Dans la chaîne de rochers, depuis celle de Saint-Hugon jusqu'au col de la Croix, formant un contour pour envelopper la moitié du vallon de la Ferrière jusqu'au roc de l'Etoile, dont le prolongement donne sur le pas de la Coche, il n'existe aucun passage que pour des chasseurs hardis, qui, au péril de leur vie, veulent les franchir.

Le pas de la Coche, resserré par deux bandes de rochers qui partent à droite du rocher de l'Etoile, et à gauche du rocher du grand Crélin, était autrefois praticable aux mulets, qui venaient, de Saint-Jean-de-Maurienne, en passant au col de la Croix, tomber sur Villard-Bonnot, dans la vallée de Graisivaudan ; cela leur évitait une forte journée de marche : aujourd'hui ce passage est entièrement intercepté ; il ne reste plus qu'un chemin pour les gens de pied, pratiqué au travers d'une pente très - mauvaise pendante du corps de rocher compris entre

le col de la Croix et celui de l'Etoile. Pour
ne plus me répéter, je dirai, une fois pour
toutes, que de tels passages sont aisés à
rompre, à défendre, et qu'à chaque pas
deux ou trois hommes peuvent arrêter une
armée entière.

Du roc de l'Etoile jusqu'à la Croix-de-
Champré, il n'existe que deux sentiers qui
communiquent dans l'intérieur de la coquille, les cols de Revel et de l'Echaillon
pour les gens de pied, et les autres pour des
chasseurs.

25.º Le développement de rochers que je
viens de parcourir, depuis le rocher de Saint-
Hugon jusqu'à la Croix-de-Champré, peut
avoir 50 à 52 mille mètres ; cette chaîne de
rochers finit à 14 mille mètres de Grenoble ;
en ôtant 2 mille mètres de plaine, il restera
12 mille mètres de pentes variées en tous
sens, traversées à Gière par la combe d'Uriage
et de Vaulnaveys, et franchissant un col qui
sépare les eaux pendantes sur l'Isère, de celles
pendantes sur le vallon de Vizille traversé
par la Romanche. J'aurais occasion de parler
ci-après de ce passage, qu'il ne faut pas perdre de vue ; de même il est inutile de m'éten-

dre

dre davantage sur la défense de ce contre-
fort , j'y reviendrai ci-après ; je vais passer
au second contre-fort désigné, art. 24.

26. En reprenant l'enveloppe au col la
Croix, où je l'ai laissée, art. 24 *bis* , et suivant
sa sommité jusqu'au col de Sauze, où s'attache le bout de la chaîne de ce grand contre-
fort, on ne trouve , dans tout son pourtour ,
que la petite route de Briançon à Grenoble,
qui n'est praticable, en été , que pour les
mulets, et qui est interceptée , pendant tout
le tems des neiges, ainsi qu'un autre mauvais
passage par le col des Perches, donnant sur
le vallon de Saint-Sorlin-d'Arve , en Maurienne ; tout le reste de ce portour jusqu'au col de Sauze, enveloppant un pays
affreux , à peine abordable aux mulets, pour
la communication des misérables villages
qui s'y trouvent en très-petit nombre, dont
aucune de ces communications , à l'exception de quelques sentiers de chasseurs , ne
le franchit que jusqu'au col de Sauze.

L'on voit donc que cette partie d'enveloppe, dont le développement est de cent
mille mètres , n'est traversée que par la
petite route de Briançon à Grenoble , route
aisée à rompre dans ses travers , à une infi-

nité d'endroits, ou à défendre à chaque pas,
si on ne veut pas en intercepter le passage.
Maintenant entrons dans l'intérieur, pour
s'assurer que si on avait franchi l'enveloppe,
il resterait encore plus de moyens qu'il n'en
faudrait pour arrêter l'ennemi.

Du col de Sauze part une autre chaîne de
rochers qui, sur un développement de 3o
mille mètres, vient finir au bout de la montagne du Rochail, où on ne compte que trois
mauvais passages, les cols de la Musette, de
la Pisse et de la Turbat; l'on n'ose pas y
faire passer les mulets. La communication
de ce vallon, qui semble prolonger le vallon
du Bourg-d'Oisans, se fait par la petite route
de Briançon; ce contre-fort est lié à une
autre chaîne de rochers faite en forme de
coquille, dont le pendant d'une partie des
eaux qui l'entoure, se rend dans le vallon
qui communique de Vizille au vallon du
Bourg-d'Oisans, et dont la sommité n'est traversée que par le mauvais chemin de Plan-
Cotu; cette coquille est encore jointe à une
autre coquille de rocher de la Gravelle, et
vient aboutir par Oulle, au milieu du vallon
du Bourg-d'Oisans.

Toutes ces communications se trouveraient

interceptées, en défendant simplement, au pont de Gavet, le vallon étroit où est situé ce village, que la petite route de Briançon longe, pendant l'espace de 14 mille mètres : les escarpes, les pentes rapides qui règnent sur toute cette longueur, permettraient d'écraser, par le simple roulement des matériaux, une armée qui oserait s'y engager ; quand je dis une armée, je parle d'un corps de troupes sans artillerie, car il lui serait impossible d'en traîner avec lui.

Il est inutile d'entrer dans de plus grands détails, sur la description du contre-fort qui sépare les eaux de la Romanche de celles du Drac, ainsi que de toute la partie du premier contre-fort, comprise entre la haute chaîne de rochers dont les pentes tombent sur la vallée du Graisivaudan et de la Romanche, pays affreux, où à chaque pas il se présente des obstacles pour la communication intérieure ; il faudrait qu'un ennemi eût perdu la tête pour s'y engager, sachant qu'ils sont défendus, même par les Gardes Nationales du pays.

Je vais maintenant parcourir l'enveloppe jusqu'à la montagne de Gap ; je l'ai laissée, art. 26, au col de Sauze.

27.º En partant du col de Sauze jusqu'à la montagne de Gap , on trouve les passages des cols du Martin , du Loup, de Prel, de Chabrière et des deux Courettes, qui ne sont propres qu'à des chasseurs , à l'exception de celui de Chabrières , dont on se sert pour éviter la montagne de Gap, et abréger le chemin d'Embrun sur Saint-Bonnet , et qui ne peut servir que pour les mulets ; néanmoins , comme on pourrait y pratiquer un chemin pour l'artillerie , il ne faut pas le perdre de vue ; une infinité de positions excellentes se présentent, à cet égard, pour dissiper toute crainte sur cet objet. Nous allons suivre la route de Gap sur Grenoble.

La grande et unique route de Grenoble à Gap , la seule praticable à l'artillerie dans ce corps de montagne des Alpes, passe sur une montagne qui est d'une telle élévation , qu'elle serait impraticable pendant l'hiver , si l'on n'avait pas soin de la déblayer des neiges qui l'obstruent pendant cette saison ; cette grande route grimpe la montagne par des contours multipliés , qui s'aperçoivent du sommet, sur une pente très-rapide, où l'on pourrait faire rouler des matériaux qui écraseraient , non-seulement ceux qui suivraient ces contours , mais encore ceux qui voudraient grimper la pente en tout autre endroit quelconque.

28.º Tous les passages que je viens d'indiquer ci-dessus se réunissent à Saint-Bonnet, et de-là cheminent jusqu'à Grenoble , en suivant la grande route sur la rive droite du Drac. De Saint-Bonnet à Corp , le chemin suit, sur 16 à 17 mille mètres, le fond d'un vallon très-étroit , où de chaque côté règnent des pentes très-rapides , favorables au roulement des matériaux. Le bourg de Corp est situé sur un plateau détaché de la montagne , bien propice pour retrancher le bourg et le rendre susceptible d'une longue défense , sur lequel l'ennemi ne peut cheminer que par la largeur d'un chemin tracé au travers d'une pente rapide , tandis que ce plateau lui présente un développement considérable ; et encore il ne pourrait filer sur ce chemin, avant de s'être emparé de la hauteur isolée qui le domine , sans courir le risque d'être écrasé par les matériaux qu'on ferait rouler sur lui.

De Corp , le chemin passe sur une longueur de trois mille mètres, par les travers d'une pente très-rapide, d'une hauteur isolée et pendante sur tout son pourtour, de là sommité de laquelle on l'écraserait ; il faudrait absolument se rendre maître de cette hauteur, sans cela ce passage, nommé les travers de Corp, est impénétrable. L'on peut encore, sur les cinq mille mètres qu'il reste à parcourir jusqu'à la combe de Pontho, faire usage de l'arme terrible des matériaux, non avec le même avantage que celui dont je viens de parler, qui est unique.

29.° Avant d'aller plus loin, et pour ne rien omettre, il est bon de parler du chemin qui monte par le vallon du Godemar au Bon-Voisin, et va passer à la pointe du rocher Bon-Rachat ; arrivé à ce point, ce passage n'est propre qu'aux chasseurs ; ce chemin va tomber sur la grande route, à huit mille mètres avant d'arriver à Corp, en passant par le village des Herbeys. Il est inutile de répéter qu'ici, comme dans tous les chemins de montagne, il s'offre mille moyens de l'intercepter, si cela devenait nécessaire.

Toutes les eaux du vallon du Valbonnais se réunissent et passent sous le pont de Pontho. La principale crête du contre-fort, qui sépare les eaux de la Romanche, est située à la rive droite du torrent de ce vallon ; elle va se réunir à l'enveloppe, aux glacières du Giberney, et dans toute cette chaîne de rochers, on ne compte que quelques sentiers de chasseurs ; celle à gauche, qui finit l'enveloppe de ce vallon, est aussi très-exhaussée ; on y compte six principaux passages, simplement pour les mulets, très-aisés à défendre ou à intercepter les cols du Turbat, du Soufle, de Lause, de Combemeau, de Pranclos et de Chanelette, tous communicans sur le vallon du Drac ; entre ces passages, il existe quelques sentiers de chasseurs.

30.° La combe de Pontho est très-profonde et très-resserrée, en sorte que ces pentes sont très-rapides ; en rompant le pont, qui est en pierre, ce passage devient impraticable, s'il est bien défendu ; la pente du côté de Corp, en venant sur la Mure, est continuellement sous les feux de la pente opposée, et celle-ci est inabordable par le roulement des matériaux, d'autant plus que s'il était nécessaire on barrerait le torrent, par le moyen d'une inondation qui remplirait tout le fond de ce vallon. Tous les chemins que je viens de parcourir, pas-

sent sur le pont de Pontho, ainsi que la
route de Gap qui ne peut se tracer ailleurs
sans des travaux immenses, que l'on ne
saurait entreprendre en tems de guerre ; le
lit du Drac occupe tout le fond des vallons,
et les pentes de droite et de gauche finissent
exactement sur ces deux rives. Voilà donc
tous ces passages interceptés au pont de
Pontho.

La Mure est à 3o mille mètres de Grenoble ; avant d'arriver aux lacs de la Frête,
il existe de chaque côté de la route des
points à défendre ; 1.º elle peut se rompre en
plusieurs endroits aux lacs par des coupures
remplies d'eau ; 2.º le col donnant sur
Vizille, qui retient les eaux des lacs, et
ne laisse que l'ouverture des chemins, offre
encore un obstacle ; 3.º le pont de la Romanche que l'on peut rompre, le bourg que
l'on peut fortifier et même inonder, ainsi
que le vallon, pour couper toutes les routes
de Briançon, de Gap, jusqu'à la Croix-
Haute, qui sont forcées de passer par
Vizille : enfin, je ne finirais plus, si je vou-
lais citer tous les obstacles qui peuvent intercepter toutes ces routes ; mais je pense

en avoir assez dit pour prouver que, quand on voudra, elles deviendront impraticables.

31.º Passons à la route de la Croix-Haute, et à tous les passages du reste de l'enveloppe jusqu'au rocher de Saint-Nizier, en reprenant à la Montagne de Gap, où nous l'avons laissée, article 27.

Entre la montagne de Gap et la Croix-Haute, il n'existe que des sentiers de chasseurs; entre ce dernier passage et le col du Menei, il n'existe de même que des sentiers de chasseurs; mais les mulets seuls franchissent aisément, pendant l'été, ces deux passages; ils sont obstrués, pendant l'hiver, par les neiges : du col du Menei au rocher de Saint-Nizier, l'on trouve, dans la montagne de Chichilianne et dans celle du Perse, deux mauvais passages allant à Die, où l'on fait passer les mulets avec le plus grand danger. Tous ces passages, que je viens de citer, et je pense n'en avoir manqué aucun d'essentiel, sont aisés à rompre ou à défendre; dix à douze hommes aux cols de la Croix-Haute et du Menei, et trois ou quatre hommes, à tous les autres, sont suffisans.

Tous ces chemins se joignent à celui de

Grenoble à la Croix-Haute, et la route n'est praticable à l'artillerie que de Grenoble jusqu'au Monestier, distant de 35 mille mètres de cette ville. Au-dessus du Monestier les chemins sont affreux, et sont pour le moins aussi susceptibles de défense que ceux que je viens de parcourir sur la rive droite du Drac, et cela d'autant plus, que, passé le col du Monestier, la terre se trouve si légère et si aisée à fouiller, que les torrens se sont creusés, sur une très-petite largeur, des combes très-profondes ; je n'en citerai que deux, les torrens de Saint-Martin et de Saint-Michel, qui coupent toutes ces communications. Au torrent de Saint-Michel, sur une largeur à-peu-près de 5 à 600 mètres, il faut au moins une bonne heure pour descendre et remonter la combe qu'il s'est creusée, et tous ces torrens ne s'aperçoivent que lorsque l'on est arrivé sur leurs bords ; à une certaine distance, le terrain paraît tout uni, et c'est ici que l'on s'aperçoit bien du ravage des eaux : depuis le col du Monestier jusqu'à la Croix-Haute, on compte six de ces coupures.

32.° Quant à la route du Monestier à Grenoble, elle suit presque toujours le vallon de la Gresse, où est situé le Bourg de Vif. Je parlerai ci-après de ses défenses, dans une seconde enveloppe qui sera plus rapprochée de Grenoble ; je dirai simplement que depuis le Monestier jusqu'à Vif, cette route passe par le col du Collet très-étroit, et par des travers très-aisés à intercepter. Celle de la Croix-Haute, par Mens, venant tomber sur la Mure et sur Corp, traversant le Drac, n'est propre qu'aux bêtes de somme ; elle est encore des plus aisées à intercepter ; elle traverse des coupures et sur-tout celle du Drac, où il faut absolument ne vouloir pas la défendre, pour qu'un corps de troupes puisse la traverser ; d'ailleurs elle emprunte la défense de celle de la rive droite du Drac, depuis la Mure jusqu'à Grenoble.

Je n'entrerai pas dans de plus grands détails sur cette partie située sur la rive gauche du Drac, ce ne serait que des dits et redits qui ne feraient qu'allonger ce Mémoire : je me serais même permis d'en retrancher beaucoup, si ce n'était pour faire voir que je n'ai oublié aucune partie intérieure de la coquille, pour rassurer ceux qui auraient des doutes sur l'impossibilité d'en intercepter les passages, pour peu que l'on veuille user des ressources que l'on trouve à chaque pas ; et dans toute cette étendue, les seules Gardes - Nationales de chaque canton suffisent pour se garantir de l'invasion étrangère, ainsi que je l'ai observé dans mon avant-propos.

33.° Il reste maintenant à donner une plus grande explication sur le crochet que l'on est obligé de faire, par le torrent de Bourne, pour se conserver le corps de montagne, au bout duquel est placé le rocher de l'Echaillon dont j'ai parlé, art. 23.

Entre ce corps de montagne et celui qui se termine à Saint-Nizier, il existe, sur un sol très-élevé, puisqu'il faut deux fortes heures pour y monter, six villages, Engins, Saint-Nizier, Lans, le bourg du Villard, Méaudre et Autrans ; ce sol semble séparé du reste de la nature, et les seuls habitans du pays pourraient s'y défendre contre une armée entière qui voudrait les envahir ; tout son pourtour n'offre que des chemins affreux pour y parvenir ; les ruisseaux que j'ai désignés, art. 33, sont très-profonds et bordés par des pentes très-rapides ; le fort ruiné de la Barbière semble avoir été placé autrefois, et sur-tout dans les guerres que les seigneurs se faisaient entr'eux, pour défendre la seule communication la moins pénible, pour parvenir sur ces villages : je ne m'arrêterai pas davantage pour prouver que le contre-fort l'Echaillon se trouve aisément joint à l'enveloppe.

Je viens de faire voir combien cette grande enveloppe est impénétrable; cependant pour rassurer encore sur l'impossibilité de la pénétrer, je vais indiquer une seconde enveloppe autour de Grenoble, bien plus rapprochée de cette ville, prise sur le premier contre-fort dont j'ai parlé, art. 24 *bis* et 25.

34.° En jetant les yeux sur la carte, où toutes les routes sont tracées, l'on verra que tous les chemins et passages de l'enveloppe de la coquille, aboutissent entre la pointe de ce contre-fort, donnant sur le bourg de Vizille et la pointe du rocher de Saint-Nizier. On ne trouve, en ligne directe, entre ces deux points, que onze mille mètres; entre la route de Gap, à partir de Brié jusqu'au pont de Claix, sur le Drac, où passe la route de la Croix-Haute, il n'y a que sept

mille mètres. L'on remarquera aussi qu'entre
la hauteur donnant sur Vizille et le pont de
Claix, il existe des pentes, des hauteurs isolées, très-favorables à lier une chaîne de
défense, que l'on peut aisément attacher
au rocher Saint-Nizier, vis-à-vis la naissance du torrent de Bourne, ce qui main-
tiendra la possession du contre-fort l'Echaillon, à cette deuxième enveloppe.

Nous avons vu qu'en partant du rocher de
Saint-Hugon, qui lie ce grand contre-fort à
la chaîne des Alpes, il n'existait aucun passage, jusqu'à la Croix-de-Champré, que le
pas de la Coche, les cols de Revel et de
l'Echaillon, bons simplement pour les gens
de pied et quelques mauvais sentiers de chasseurs. De cette Croix, en passant par la
hauteur de Prémol, et suivant la montagne
de l'Aiguille, on arrive à la pointe du grand
contre-fort donnant sur Vizille, distante du
rocher de Saint-Nizier, vis-à-vis la source
du torrent de Bourne, de 14 mille mètres.
Entre cette pointe et la Croix-de-Champré,
il existe une pente très-rapide, venant finir
exactement sur la rive droite de la Romanche, impossible à grimper, pour peu qu'on
veuille la défendre ; ce qui établit, depuis

le rocher de Saint-Hugon jusqu'à cette pointe, une chaîne impénétrable. Il ne reste donc plus que les 14 mille mètres à défendre ; en retranchant de cette distance les simples pentes de ces deux points, où l'on ne saurait pratiquer des chemins, il ne reste plus que sept mille mètres, dans l'intervalle desquels il se trouve des hauteurs, des rochers, des pentes à pic, où l'on ne saurait faire passer des communications.

Il ne s'agit donc plus, pour présenter une seconde enveloppe, partant du rocher de Saint-Hugon ou de la chaîne générale de la défense des Alpes jusqu'au rocher de l'Echaillon, sur un développement de près de cent mille mètres, que de lier la défense de l'extrémité du grand contre-fort, donnant sur Vizille, au rocher de Saint-Nizier.

Pour lier cette chaîne de défense, l'on viendra de la pointe du contre-fort au-dessus de Vizille, s'appuyer sur le coude que fait la Romanche ; l'on n'aura que mille mètres de plaine à parcourir, qu'il sera aisé de couvrir par une inondation (10), en barrant la

_____

(10) Cette inondation sera facile à exécuter ; la Romanche, en sortant du bassin de Vizille, chemine

Romanche à ce coude; en sorte que la petite
plaine, ou plutôt le bassin de Vizille, entouré de pentes, formera un lac, et l'on
pourra entourer le bourg de Vizille par un
revêtement en terre qui, en le préservant
des eaux, en fera un point fortifié.

En suivant la Romanche et le Drac jusqu'au torrent de la Pissarde, on parcourt,
pendant sept mille mètres, des lits de torrens, dont la rapidité et le volume d'eau
ne permet pas que l'infanterie ni la cavale-
rie puissent les traverser, sans établir un
pont impossible à jeter, toute cette partie
de ligne étant défendue par des pentes très-
rapides qui tombent jusque sur la rive droite
de la Romanche ; d'ailleurs elle est enfilée
par les batteries de canon, placées sur le
plateau de Champagnier très - peu exhaussé
sur la plaine, et cependant terminé par des
pentes en partie presque escarpées ou très-
rapides qui, en défendant l'abordage et

ces

dans un vallon très-resserré, où à peine trouve-t-elle
un passage ; en le barrant, tout le bassin de Vizille
devient un lac ; si je parle de ce moyen, c'est pour
faire voir qu'il en existe plus qu'il n'en faudrait pour
rendre cette ligne impénétrable.

ces mêmes batteries enfilent les vallons du Drac et de la Gresse.

A l'embouchure de la Pissarde sur le Drac, il existe deux hauteurs parfaitement isolées, placées à droite et à gauche de ses rives ; en les occupant, ces postes deviennent inexpugnables, par l'escarpement et la roideur de leurs pentes ; le premier contre lequel est appuyé le pont de Claix, ne laisse entre lui et un escarpement dépendant du plateau de Champagnier, que le seul passage très-resserré du Drac, ce pont étant fort exhaussé au-dessus du torrent ; ces hauteurs enfilent de même tous les vallons que j'ai cités ci-dessus ; enfin, il règne sur le cours de la Pissarde une pente rapide, ainsi que beaucoup d'excellentes positions au pied du contre-fort de Saint-Nizier, qui semblent placées exprès pour la défense de la ligne que je viens d'indiquer.

Voulez-vous rendre encore cette position plus forte, barrez le Drac au pont de Claix, et par-là vous offrirez une inondation sur tout le terrain en avant, comme vous pourrez en obtenir une dans la petite plaine de Claix, en barrant la Pissarde entre les deux

hauteurs dont je viens de parler ci-dessus ,
et vous obtiendrez , sur toute cette ligne ,
une masse d'eau inabordable. (11).

Il faut avoir été sur le local pour juger de
la force de la ligne que je présente ici , et
voir combien le terrain offre de ressources
pour l'établir ; voilà donc une seconde enveloppe très-rapprochée de Grenoble et qui
vaut mieux qu'une place de guerre , sur-tout
lorsque , avec beaucoup de dépenses, on n'en
peut obtenir qu'une médiocre.

Je pense en avoir assez dit pour prouver
que l'enveloppe de montagnes sur la rive
gauche de l'Isère, sera impénétrable : ainsi,
l'on voit que Grenoble est enveloppé par

---

(11) Je pense que l'opération de barrer le Drac
au pont de Claix deviendrait difficile , tant dans
l'exécution de la barre que dans son déblais , le torrent n'ayant pas d'autre passage ; ainsi je ne le propose que comme un moyen extrême , qui pourrait
s'exécuter en épi — noyé ; mais ceci n'est nullement
nécessaire sur un terrain qui offre tant de ressources
pour sa défense : quant à celle de la Pissarde , je ne
vois pas qu'elle ait aucun inconvénient , et mon
avis serait de la barrer pour obtenir une inondation
sur la petite plaine de Claix.

deux corps de montagnes impénétrables ; il ne reste à surveiller, comme je l'ai dit, que les deux entrées, haute et basse, de la vallée du Graisivaudan : j'indique plus de moyens qu'il n'en faut, pour que l'on soit tranquille sur ces deux objets. Je vais main-tenant, pour finir toute cette description, jeter un coup d'œil sur le passage au-dessous du rocher de l'Echaillon, à l'entrée de la basse vallée, sur la rive gauche de l'Isère.

35.° Par ce que j'ai dit, art. 23 et 33, l'on est maître de la rive gauche de l'Isère, depuis le rocher de l'Echaillon jusqu'à l'ancienne manufacture de canon : ici l'Isère forme un grand contour, avant d'entrer dans un lit forcé par des hauteurs pendantes jusque sur ses bords. Le château des Armieux sur la rive gauche, le contour appuyé sur la rive droite aux hauteurs de Saint-Priest, barrent entièrement la vallée qui n'a que 13 cents mètres de largeur à ce point.

La hauteur de Brunière barre totalemen tout l'intervalle entre la rivière et le grand contre-fort. Il en est de même des hauteurs d'Arbassa, de la Martinière et du Replat, ces dernières, soutenues par les positions que l'on pourrait prendre dans les îles de l'Isère. Entre la hauteur d'Arbassa et celle de la Martinière, se trouve le village de Saint-Quentin, que l'on peut fortifier.

36.º Toutes ces lignes de défense ne sont rien en comparaison du pas de l'Echaillon, qui est imprenable ; l'Isère coule au pied d'un rocher escarpé ; à peine reste-t-il la largeur d'un petit chemin, que l'on peut rompre aisément, et le faire remplacer par l'Isère jusqu'au pied de cet escarpement, si l'Isère ne l'a pas déjà emporté, car il y a long-tems que je n'ai vu ce passage ; quoiqu'il en soit, il est impossible de pénétrer par ce point là, ceux qui s'y hasarderaient, soit par le petit chemin, soit par la rivière, seraient écrasés par les matériaux qu'on lancerait du haut du rocher.

Je regarde ce passage, entre l'Isère et le rocher de l'Echaillon, tellement impénétrable, que je pourrais me passer d'en indiquer d'autres sur la rive gauche de l'Isère ; néanmoins pour se mettre à l'abri d'une surprise, et en même-tems pour se lier à toutes les positions de la rive droite, depuis Grenoble jusqu'à Voreppe, indiquées art. 4, 5, 6, 7,

8, 9 et 10, j'observerai que cette partie inférieure de la vallée n'a, dans sa totalité, que
trois mille mètres de largeur, et qu'entre le
rocher de la Buisseratte et le village de Sassenage, elle n'a que deux mille cent mètres
occupés, à peu de chose près, par la largeur de l'Isère jointe à la jonction du Drac ;
qu'à l'angle intérieur de cette jonction, on
peut placer une redoute entourée d'eau,
qui se trouvera au milieu de la ligne de
défense, appuyée sur la droite au rocher
de la Buisseratte, et sur la rive gauche
au bourg de Sassenage, et à une excellente
position au-dessus de ce bourg; ce qui, joint
à l'étendue qu'occupent les eaux, forme une
ligne de défense des plus respectables.

Entre cette ligne et le rocher de l'Echaillon, depuis ce rocher jusqu'au village de
Noyarey, la rivière coule au pied d'une
pente très-rapide; dans l'entre-deux est situé
le village de Veurey, que l'on peut fortifier;
ce qui donne entre le corps de montagne et
la rivière, un point de défense.

37.° Entre Noyarey et Sassenage, on trouve
une infinité de plateaux qui, joints aux redoutes que l'on peut faire dans les îles de la

rivière, donnent, à toutes les lignes de défense de la rive droite, un prolongement
qui va s'attacher au grand contre-fort des
Alpes.

Après Sassenage, le torrent du Drac, enfermé entre deux lignes très-exhaussées, barre
encore entièrement toute cette partie de la
vallée.

Coup d'œil sur la position de Grenoble, considéré comme place de guerre.

JE vais maintenant examiner la position de
Grenoble. Je commencerai par voir si elle
lie parfaitement la chaîne de défense du
contre-fort des Alpes à celle de la montagne
de la Grande-Chartreuse, chose absolument
essentielle à obtenir pour se garantir d'une
invasion en France. Je verrai ensuite si elle
est propre à en faire une bonne place de guerre,
en faisant abstraction du tems qu'il faudrait
pour la construire et de l'énorme dépense
qu'occasionnerait l'exécution d'un pareil
projet.

38.° D'après la description que j'ai faite du
cours de l'Isère, l'on doit voir que, de même
qu'au rocher de l'Echaillon, cette rivière

passe contre l'angle aigu du contre-fort de la Grande-Chartreuse appellé Mont-Rachet. La ville est plaquée contre la face droite de cet angle que la vallée du Graisivaudan enveloppe sur ses deux côtés ; en sorte que de son enceinte à Gières et à Saint-Martin, elle a quatre mille mètres de largeur et six mille du côté du pont de Claix ; d'où il résulte qu'une forte armée peut laisser un corps de troupes pour contenir sa garnison, et se rendre maîtresse de la route de Gap ou du passage de Voreppe ; le corps de troupes qu'il laisserait, pourrait se mettre en sureté sur les excellentes positions que lui offre le pied du contre-fort des Alpes (12).

39°. Ce n'est pas tout, à Gières il existe, à 5 mille mètres de Grenoble, un passage sur Vizille par les vallons d'Uriage et de Vaulnaveys, où, en quatre heures de tems, l'on peut pratiquer un superbe chemin pour l'artillerie, et par là se rendre maître de la route de Gap, filer dans la Haute-Provence, ou dans le

---

(12) L'expérience se joint à ce que j'avance ici ; dans la dernière guerre, nous avons éprouvé qu'une et même plusieurs places de guerre n'arrêtaient pas l'invasion d'une forte armée.

Haut-Dauphiné, prendre à dos les défenseurs de la chaîne des Alpes, les forcer de se rendre à discrétion faute de vivres que ces montagnes ne sauraient fournir ; ou, en suivant le vallon de la Romanche, venir passer à Voreppe pour, de-là, pénétrer dans l'intérieur de la France ; d'où je conclus que Grenoble ne lie pas la chaîne des Alpes au contre-fort de la Grande-Chartreuse, nécessaire à occuper dans la chaîne de défense des Alpes jusqu'au Rhône.

40.º Vous direz peut être que Grenoble, ville de guerre n'empêchera pas qu'on ne fasse usage de sa défense extérieure ; si l'on en fait usage, Grenoble devient inutile comme ville de guerre, on ne saurait y pénétrer ; d'après cela pourquoi engager le Roi dans une dépense énorme, quand même on pourrait parvenir à en faire une place de guerre de la première force, à plus forte raison, lorsque son résultat ne produirait qu'une place de médiocre défense, et sur-tout que son exécution durerait peut-être plus d'un siècle. Mont - Dauphin, dont la dépense n'est rien en comparaison de celle-ci, a été commencé sous Louis XIV, et n'est pas encore fini à beaucoup près, tandis que la défense extérieure de Grenoble peut être faite en quinze jours , sans aucun frais que celui d'un simple remuement en terre , et d'un approvisionnement de matériaux aux sommets des pentes que l'on veut défendre. Cette seule raison suffirait pour qu'on abandonnât le projet d'en faire une place de guerre , et qu'on la mît simplement à l'abri d'un coup de main (13), d'autant plus , je le répète encore, que son résultat ne donnerait qu'une place de médiocre défense.

41.° Voyons maintenant si je me trompe, et si Grenoble peut faire une bonne place de guerre ; je ne m'écarterai, en aucune manière, des vrais principes qui doivent servir de règle à tout ingénieur militaire.

Cette ville est plaquée contre la pente très-rapide du Mont-Rachet, qui la domine tellement et de si près , qu'à chaque pas l'on

---

(13) Grenoble est dans ce moment à l'abri d'un coup de main ; je ne proposerais point d'autres dépenses que celle de barrer , par deux fortes portes crénelées, ses deux ponts, afin de couper toute communication entre le faubourg de Saint-Laurent , et l'intérieur de la ville où sont situés tous les magasins.

trouve des emplacemens, d'où l'on peut lire, dans tout son intérieur jusqu'à la boucle des souliers, et de-là raser, par des batteries plongeantes ou rasantes, au choix de l'assiégeant, tous les bâtimens de l'intérieur de la place; il existe même des positions, où avec des carabines, des fusils de remparts, on atteindrait à dos une grande partie de ceux qui défendraient l'enceinte de la plaine, une fois que l'on serait parvenu à détruire les maisons qui, dans quelques parties, leur servent de parados.

42.º Mais en s'emparant de tous ces points, on s'en garantit; j'en ferai voir l'impossibilité, et d'abord je commencerai par l'enceinte des fortifications dans la plaine.

Ici je conviendrai que l'on peut présenter, sur la rive gauche de l'Isère, une enveloppe de fortifications de la première force avec beaucoup de tems et d'argent; ce qui a pu séduire ceux qui prétendent faire de Grenoble une place de guerre. Il est certain qu'en ouvrant un canal à l'Isère autour de son enceinte, qui fournira peut-être une inondation en avant de la place (14), et

_____

(14) Je dis peut-être dans l'incertitude que cette inondation pourrait couvrir tout le terrain en avant

bordant ce canal de nouveaux ouvrages
pour le défendre, établissant des casemates ,
des corps de casernes, des magasins immenses , tous à l'épreuve de la bombe , pour recevoir les troupes, les munitions et le grand
dépôt que la position de cette place demande ; tout cela serait admirable sans la
présence du Mont-Rachet; et voilà déjà une
dépense énorme que le Roi ne saurait faire
sans un laps de tems considérable (15) , et
l'on ne pourrait commencer cet ouvrage ,
sans avoir déjà employé beaucoup de fonds
pour dédommager les particuliers , dont on
aurait rasé les maisons et pris leurs terrains.

Examinons maintenant s'il est possible
de garantir du Mont-Rachet toute cette belle
fortification , et d'y établir des forts qui
puissent contre-balancer les défenses de la
plaine , car , sans cela , cette place deviendrait inutile.

---

du canal , parce qu'il règne une hauteur insensible
d'Eybens sur le milieu de l'enceinte de Grenoble, qui
divise les eaux en deux pentes sur la haute et basse
Isère.

(15) Qui peut assurer que cette fortification serait
en état de défense au moment d'une guerre étrangère?

43.° Il est deux principes dont il est impossible de s'écarter ; celui du défilement pour se mettre à l'abri de l'extérieur, et celui de lire parfaitement sur le terrain environnant. Je prie le lecteur, qui ne serait pas bien instruit sur l'art de la fortification, de faire attention que toutes les fois que ces deux principes n'ont pas été suivis dans tout établissement de points fortifiés, il n'en résulte qu'une dépense inutile, qui ne peut en imposer qu'à ceux qui n'ont aucun principe de défense, et qui peuvent être séduits par un tas de murailles, les unes sur les autres.

Le premier fort, qui se présente à construire pour se garantir du Mont-Rachet, est celui de Rabot, dominé extraordinairement, et de très-près par le plateau de la Bastille. Veut-on, comme dans beaucoup de places, qu'il est inutile de citer, s'établir sur le plateau ? Le plan de défilement, nécessaire à suivre pour se défiler de la Bastille, en le comparant au plan horisontal, aura, contre la montagne, une inclinaison qui obligerait à une hauteur de relief, impossible à exécuter (16); il faut donc, pour avoir une

_____

(16) L'on pourrait dire que l'on placerait, dans son

bonne fortification , abandonner le plateau,
et choisir , ainsi que tout bon ingénieur doit
le faire, un terrain dont le plan approche
de celui du défilement.

Ce plan ne peut se trouver que sur la pente
qui entoure le plateau : ici vous ne pouvez
que vous étendre en longueur en suivant le
travers de la pente ; la moindre largeur vous
procurerait le même inconvénient que sur
le plateau ; il faudrait donc que les fortifications qui suivent le sens de la pente,
fussent en ressauts multipliés , d'autant
plus exhaussés les uns sur les autres , que
la pente serait plus rapide et le plan de
défilement plus incliné : or , ce serait une
folie de vouloir entreprendre un pareil ouvrage qui, dans la défense, deviendrait inutile , d'autant plus que les mêmes défauts
existeraient dans son intérieur, que l'on serait obligé de soutenir par des murs de terrasse correspondans aux ressauts, dont les

---

intérieur , de douze en douze pieds , des parados, au
moins de même épaisseur, puisque, pour se garantir
du canon, il faut qu'ils aient au moins quinze pieds
d'épaisseur ; en sorte qu'ils occuperaient , à peu de
chose près , tout l'intérieur du fort : cette proposition
ne serait pas d'un ingénieur.

rampes , pour la communication , seraient
très-embarrassantes pour ne pas dire impossibles ; il faudrait absolument y pratiquer
des escaliers , et si l'on y voulait des magasins , des logemens , il faudrait , pour les
mettre à l'abri , les creuser dans le terrain ,
premier défaut. Le second , c'est qu'il serait
impossible d'y ménager des flancs , et sans
cela toute fortification est mauvaise.

Voilà donc, si son exécution pouvait se
proposer, un mauvais fort défilé de la Bastille , dont tout l'intérieur serait vu de la
plaine ; il n'est ni assez éloigné , ni assez
exhaussé , pour être hors de la portée de son
canon ; d'où il résulte qu'un fort construit
sur un emplacement, tel que celui de Babot ,
devient impossible à défiler ; on ne pourrait
y établir qu'une redoute en machicoulis ,
insuffisante pour s'assurer d'un poste d'autant plus intéressant que sa prise entraîne
celle de la place. Il en est de même de tous
les emplacemens qui sont dans ce cas.
Règle générale , dont on ne doit jamais
s'écarter , c'est que toutes les fois que le
plan de défilement d'un fort considérable ,
par son étendue , passe dix degrés d'inclinaison c'est une folie pour le Roi d'en entrepren-

dre l'exécution. Cependant, dans un fort
de peu d'étendue, l'on peut passer ces dix
degrés; c'est à l'ingénieur à combiner si, pour
le défiler, il ne faut pas un relief trop considérable, et sur-tout s'il sera suffisant pour
contre-balancer les défenses de la place. Ces
défilemens sont tellement hors de règle de
la fortification, qu'on n'a pas daigné en faire
mention dans aucun traité de défilement, tant
ils sont regardés comme impossibles à exécuter.

Il arrive cependant des cas où l'on est forcé
à de pareils établissemens, c'est lorsqu'une
place est construite et qu'il est nécessaire de
la préserver d'une hauteur qui la domine;
pour lors c'est la faute de celui qui a proposé l'établissement de cette place, de
n'avoir pas tout prévu, d'autant plus qu'on
ne l'eût point accepté, si le calcul de sa
dépense n'eût pas été proportionnel à sa défense. Grenoble est dans ce cas; tout projet
qui n'embrasserait pas la totalité de sa défense, devrait être rejeté comme il doit l'être,
d'après sa position et sa défense extérieure
qui le rend inutile; et d'ailleurs il n'en peut
résulter qu'une place de très-médiocre défense.

De plus, le second inconvénient auquel il est impossible de remédier dans ces sortes de forts entourés de pentes rapides, c'est la difficulté de pouvoir diriger la ligne de tir du parapet, de manière à ce qu'elle lise parfaitement sur cette pente (17) ; sans cela le

fort

---

(17) Pour obtenir une ligne de tir à un parapet dirigé sur une pente très-rapide, il faudrait souvent que son inclinaison passât 45 degrés ; or, sa crête présentant un angle trop aigu, serait bientôt rasée, et ne serait pas même, à son extrémité, à l'abri d'être traversée par une balle de mousquet; d'ailleurs, le soldat, qui se tapit derrière le parapet, étant obligé de se découvrir pour suivre cette ligne de tir, lâcherait presque toujours son coup en l'air, et ici je suppose qu'il n'existe rien en avant de l'escarpe ; mais si l'on veut la couvrir d'un fossé, ou prendre à son pied la moindre largeur, il ne reste plus aucun moyen pour lire sur la pente : or, tout ouvrage, qui ne lit pas sur tout le terrain qui l'environne, est mauvais et très-mauvais; ce n'est pas contre les oiseaux qu'il faut se défendre, mais bien contre les hommes qui grimpent la pente : j'ai vu ce défaut dans presque toutes les fortifications de hautes montagnes; et lorsque la prise d'un seul fort rendrait maître d'une place aussi essentielle que celle de Grenoble, il faut que sa défense puisse contre-balancer celle de la place; et voilà pourquoi il est si difficile et bien plus souvent impossible d'obtenir un bon système de for-

fort ne peut tirer qu'aux oiseaux ; en sorte que lorsqu'on grimpe les pentes qui l'entourent, on est absolument à l'abri de ses feux, et l'on n'en est vu que lorsqu'on est parvenu sur son parapet, c'est-à-dire, lorsque l'on est maître de ce fort ; j'ai vu beaucoup de points fortifiés dans ce cas.

A cela, l'on me dira que les feux de flancs peuvent parer à cet inconvénient ; cela serait vrai, si l'on pouvait en obtenir d'assez considérables pour remplir cet objet ; et d'abord, si l'on s'établissait au bord de la pente pour pouvoir lire sur son terrain, le flanc, qui suivrait cette pente, serait ou trop rapide ou trop court; si l'on se reculait, l'on ne verrait plus cette pente, et on n'aurait que l'extrémité du flanc qui pourrait

---

tification dans les positions dominées par de hautes montagnes ; je suis étonné que jusqu'ici on n'ait pas usé des moyens de défense qu'elles présentent à chaque pas, ce qui épargneraient au Roi des dépenses inutiles. Ces défenses ont l'avantage d'être intactes au moment de l'attaque, et leur multiplicité peut rebuter un ennemi et lui ôter l'envie de s'en emparer. Par la suite, d'après l'établissement des Gardes-Nationales, on n'a plus rien à objecter contre cette défense.

y lire ; on n'y placerait au plus qu'un
ou deux fusiliers (18) ; ainsi, l'on peut
encore conclure que, dans ce cas, on ne
peut construire, sur cet emplacement, qu'un
mauvais fort, et qu'il est très-difficile d'en
construire un bon sur un terrain de montagne, à moins qu'il ne soit entouré d'une
pente à pic, qui le rende inabordable, ou
que la construction du terrain ne lui per-
mette d'avoir, de droite et de gauche, deux
flancs très-considérables, pour en défendre
les approches ; tout ingénieur sait que ce
sont les flancs qui forment la plus grande
défense de la fortification : or, aucune des
positions du Mont-Rachet n'offre cet avantage.

---

(18) Ce serait en vain que l'on se reculerait
ainsi que je viens de le dire ; cependant, si,
sans abandonner le défilement, on pouvait laisser
en avant trois ou quatre cents mètres de plateau,
occuper les bords de la pente par un chemin couvert,
ou plutôt par un fossé bordés de matériaux prêts à
faire rouler, car c'est le moyen le plus simple dans
ces sortes de cas ; un pareil fort présenterait une
défense respectable ; mais, encore une fois, les plateaux du Mont-Rachet n'offrent aucun de ces avantages, et ce cas ici ne peut convenir qu'à un fort isolé,
qui n'a que son emplacement à défendre.

Ce que je viens de dire ici pour le fort Rabot, est pour tous les forts inférieurs à la sommité du Mont-Rachet.

Le fort Rabot ne lit en aucune manière sur l'enceinte qui part de la Bastille, et vient s'appuyer sur la porte de Saint-Laurent, ainsi que sur toutes les pentes du Mont-Rachet, en avant de cette enceinte, si essentielles à défendre ; il en est de même sur le terrain en avant de l'enceinte qui part de la Bastille et vient s'appuyer sur la porte de France ; mais la ville est défilée de ces dernières par un rocher presque à pic, sur lequel est bâtie cette enceinte.

44.º Après le fort Rabot, le seul dont les batteries pourraient faire quelques effets dans la plaine, vient celui de la Bastille très-exhaussé sur cette plaine : ici, il existe le même inconvénient qu'à celui de Rabot, par un plateau qui la commande, et qui, lui-même, est dominé par la sommité du Mont-Rachet, où l'on prétend construire un fort imprenable, en escarpant une petite pente qui sépare cette sommité du reste de celle du Mont-Rachet ; par ce moyen, on espère assurer la défense des forts inférieurs, d'où l'on conclut qu'en conséquence on n'a pas besoin de songer à leurs défilemens.

Je répondrai d'abord à ce dernier article, qu'il est de nécessité comme de règle dans une bonne fortification, que tous les forts destinés à sa défense, ainsi que tous les ouvrages, se défilent les uns des autres, afin que la prise d'un fort ou d'un point dominant, ne fasse pas tomber tous ceux qui lui sont inférieurs, et je répondrai au premier article qu'il s'en faut de beaucoup que sa conclusion soit assurée.

D'abord, le tir du Mont-Rachet, si on peut l'obtenir (voyez la note 11 et son art.), est trop plongeant ; aucun affut ne saurait le supporter. En second lieu, l'assiégeant trouverait certainement sur la pente des emplacemens, à l'abri des feux supérieurs, ainsi que je viens de le dire, qui domineraient le fort inférieur dont il voudrait se rendre maître ; il pourrait même se glisser entre les deux forts, en coupant les travers de la pente par un fossé (19), et de là

_____

(19) En ménageant à ce fossé, qui exigerait peu de largeur, un petit parados, comme la pente serait très-rapide, et que l'on n'aurait que le roulement des

fusiller tout ce qui paraîtrait dans le fort inférieur , nettoyer les ramparts et acquérir la
facilité de l'escalader, sans avoir besoin d'y
faire brèche ; et pour finir cet article, il est
très-mal vu de faire dépendre la défense de
toute une place , sur la prise d'un seul fort,
et sur-tout d'une place aussi essentielle que
celle d'un grand dépôt où il ne faut rien
donner au hasard.

45.° Quoiqu'il en soit , les forts qui ne se
défilent pas les uns des autres, et qui ne lisent pas dans tout le terrain qui les environnent , sont contre toutes les règles de la
bonne fortification ; ils ne sont proposables
et même nécessaires , que dans le cas où
un assiégeant est forcé de commencer son
attaque par le fort inférieur, sans pouvoir
diriger des attaques sur les forts supérieurs ,
parce que dès qu'il s'est emparé de ce
fort inférieur , il est sommis à tous les

---

matériaux à craindre , ceux-ci franchiraient le fossé,
ou s'arrèteraient contre le parados. L'assiégeant
pourraient encore se garantir , en se couvrant avec
des madriers , et en ouvrant de petites embrasures
dans le terrain , ou enfin , user de toute autre ressource indiquée par les officiers de l'art.

feux qui le commandent; pour lors le point
essentiel que l'on veut défendre, est, ou parfaitement défilé, ou commande tous les autres;
ici c'est l'inverse, à moins qu'on ne propose de transporter à la sommité du Mont-
Rachet, tout le matériel de guerre qui doit
être à Grenoble; et dans ce cas, si l'étendue
de la sommité le permettait, toutes les fortifications inférieures deviendraient inutiles.

Il est encore un cas où l'on n'a pas besoin
de se défiler d'un fort supérieur, ou d'une
hauteur; c'est celui où la pente supérieure
dérobe tout l'emplacement du fort inférieur,
tel que celui qu'on établirait au pied d'un
escarpement qui couvrirait toute l'étendue
du fort, parce qu'alors la pente ou l'escarpement lui servirait de parados. Hors de ces
deux cas, c'est aller contre toutes les règles
d'une bonne fortification, que de s'écarter
des principes que je viens d'indiquer. Mais
ces sortes d'emplacemens sont fort rares; il
faut alors être maître, ou de la pente supérieure, ou de la sommité de l'escarpement.

46.° Malgré tout cela, je suppose que vous
soyez assuré de la possession de tous les forts
que je viens de passer en revue, ils ne vous
serviront presque de rien, pour défendre

les positions excellentes qui se trouvent sur la pente du Mont-Rachet, au dehors de l'enceinte venant de la Bastile tomber sur la porte de S.ᵗLaurent, dont la possession d'une seule suffit pour anéantir la ville, et qui sont en très-grand nombre et à l'abri des feux de Rabot, les seuls qui soient à craindre pour elles, ceux de la Bastille et des forts supérieurs étant trop plongeans.

Pour vous en garantir, vous serez encore obligé de construire un fort sur la hauteur de Mont - Fleuri, distant de Grenoble de mille mètres, position d'où l'on peut raser toutes les maisons de la ville, dont les murs ne sauraient résister à un boulet de 24 qui n'aura que cette distance à parcourir ; et maintenant, pour le défilement et pour couper toute communication aux positions de la pente du Mont-Rachet, vous serez obligé de marcher de fort en fort jusqu'à sa sommité ; il ne faudra pas moins d'une chaîne de quatre forts, qui seront tous dans le cas de ceux que j'ai décrits, articles 43 et 44, et dont l'attaque serait encore favorisée par de petites combes où ils ne sauraient lire. Ce n'est pas tout, sur la direction de Corenc, il existe un plateau qui domine Mont-fleuri,

et qui, placé à 15 ou 16 cents mètres de
Grenoble, peut encore inquiéter l'intérieur
de la ville, et encore ici, il faudra gagner,
de fort en fort, la hauteur du Mont-Eynard.

L'on doit voir quelle quantité de mauvais
forts exige le projet de faire de Grenoble une
place de guerre, dont la prise d'un seul
vous rend maître ; et pour en faire une
place de guerre, et ne pas proposer tous
ces forts dont l'occupation devient indispensable, c'est tromper le Roi et l'engager
à une dépense qu'il croira finie ; tandis que
pour perfectionner cette place, l'on fera,
comme l'on a souvent fait jusqu'ici, des nouveaux projets de points nécessaires à occuper, et si on eut présenté son ensemble, on
ne l'aurait pas entrepris, d'autant plus que
son résultat de défense n'équivaudrait pas,
à beaucoup près, à l'énormité de sa dépense.

47.° En général, il est très-difficile, pour
ne pas dire impossible, de faire une bonne
place de guerre dans toutes les positions de
montagnes, qui sont dominées extraordinairement par des hauteurs très-rapprochées
qui ôtent la faculté d'un défilement réci-
proque, à moins que l'on ne puisse établir,

sur tous les points dominans, des forts impre-
nables; je ne vois qu'une seule position qui
puisse donner ce résultat, celle qui est entourée d'un escarpement de rocher à pic,
autrement c'est faire dépendre de la prise
d'une de ces positions dominantes, le sort de
toute une place entière. Autrefois MM. les
ingénieurs militaires ne faisaient pas beaucoup d'attention à ce défilement si nécessaire à obtenir, et même à ce que tout le
terrain environnant fût soumis, sans exception, à tous les feux de la place; c'est
pourquoi il est rare de trouver dans les terrains de montagnes, des places parfaitement
défilées, et qui lisent sur-tout le terrain qui
les environnent. Mais aujourd'hui de pareilles
erreurs ne doivent plus se commettre, et
lorsqu'il devient absolument nécessaire d'occuper de pareilles positions, l'on doit bien
combiner à l'avance s'il est possible de les
préserver des hauteurs qui les dominent, et
sur-tout prévoir tout l'ensemble des positions
à occuper, pour ne pas présenter au Roi
une fortification incomplète, qui pourrait
l'engager à des dépenses hors de ses facul-
tés, et que, par-là, il serait obligé d'abandonner.

48.º J'aurais encore beaucoup de choses à dire pour prouver que Grenoble ne peut jamais devenir une bonne place de guerre, et qu'il faut simplement se contenter de la mettre à l'abri d'un coup de main, parce qu'en faisant usage de sa défense extérieure, il est à l'abri d'être enlevé; ce qui procure le précieux avantage d'y avoir un grand dépôt à l'abri des désastres d'un siège, dépôt nécessaire pour la défense de cette frontière, ainsi que l'établissement d'une école d'artillerie; et enfin, celui de lier la chaîne continue de défense des Alpes, depuis le col de Tende jusqu'au Rhône.

Je le répète, ainsi que je l'ai dit à l'avant-propos, les Gardes-Nationales du pays sont suffisantes; par la suite l'on peut espérer qu'elles seront bien prononcées pour défendre toutes ces positions, qui sont pour elles du plus grand intérêt à conserver, l'on pourra y entremêler quelques cadres de troupes de ligne, pour donner un ensemble à toute cette défense, et la mettre à portée d'être dirigée par un général d'armée; par-là l'on n'aura pas besoin, pour les défendre, de faire marcher, ni d'y entretenir, à grand frais, une armée; en quinze jours de tems, toutes ces défenses

seront préparées ; une simple exécution en
terre suffit (voyez la note 9) ; les batteries
de canon ne sont point nécessaires dans ces
montagnes , où, avec le simple approvisionnement de matériaux faits à la sommité des
pentes que l'on veut défendre, on peut écraser toute une armée. Il ne reste qu'à défendre les deux ouvertures , haute et basse , de
la vallée du Graisivaudan , et l'on a vu
combien le terrain offre de ressources pour
une pareille défense : d'ailleurs , j'ai supposé
que Grenoble était attaqué dans le même
moment , sur-tout son pourtour , ce qui
n'est pas probable et annoncerait trois ou
quatre armées dirigées contre lui ; je pense
que la seule défense des frontières serait la
seule d'obligation.

Je finirai cet article , en faisant observer
combien il est plus avantageux de défendre
une grande étendue de terrain, qui rassemble en lui seul et sans aucun frais toutes
les ressources suffisantes à sa défense , que
de défendre une place de guerre qu'il faut
alimenter, de toute manière, à grands frais,
et souvent le manque de vivres ou de munition
de guerre la force à capituler ; à plus forte
raison si Grenoble ne présente qu'une place

d'une très-médiocre défense, ainsi que je viens de le démontrer.

De la Cause du ravage des Torrens et Rivières, et de l'insuffisance des moyens employés jusqu'ici pour s'en garantir.

Avant d'appliquer un remède à un mal, il faut en connaître la cause, autrement on s'expose à l'augmenter, et quelquefois à le rendre incurable, en lui appliquant des remèdes qui n'attaquent pas directement son principe, et c'est justement ce qui est arrivé jusqu'ici, par la manière dont on a voulu se garantir du ravage des torrens. Je vais tâcher de faire connaître le vrai principe du mal, et d'indiquer le seul moyen que j'ai pu trouver pour le combattre.

49.° Aux débouchés des montagnes, et dans les temps d'orages, les gros torrens, qui ont encore toute la force que leur ont procurée leur pente, ou un lit invariablement rétréci, entraînent avec eux des matières de toutes les grosseurs possibles, et toujours proportionnellement à la force du courant, qui, en les arrachant du sein des montagnes, les à fait mouvoir.

Ces matières se déposent dans leurs cours,
à mesure que la rapidité du courant diminue,
en roulant sur un lit moins en pente, ou en
obtenant un lit plus large, qui, en diminuant
la hauteur de l'eau, en diminue, à raison de
ce, sa vîtesse, et par conséquent sa force
motrice. Quoiqu'il en soit, l'une ou l'autre de
ces causes, combinées ensemble ou sépa-
rément, donne la force au volume d'eau
d'entraîner ces matières qui se déposent
dans le lit du torrent, proportionnellement
à la progression décroissante du courant, et
à la pesanteur des matières qu'il entraine
avec lui ; ensorte que les plus pesantes se
déposent les premières, et successivement
les moindres, jusqu'à ce qu'enfin il ne charie
plus que le menu graviér et le sable, qui à
leur tour vont former des dépôts dans les
rivières.

5o.° Chaque dépôt forme, dans son ensemble, une barrière d'autant plus invincible,
que chaque matière en particulier qui a
maçonné sa fondation, et a vaincu à elle seule
la force du torrent, et dont l'ensemble réuni
peut résister à une plus grande force. Ce sont
ces dépôts qui, en s'opposant directement au
chemin du courant, l'obligent à rassembler

toutes ses forces pour se fouiller un autre
direction , et lui donnent, pour ainsi dire, son
habitude de fouiller, car sans eux, l'eau, qui
ne rencontrerait aucun obstacle dans son
chemin , le suivrait naturellement , et n'irait
pas se frayer une route pénible , tandis
qu'elle en trouverait une qui ne lui donnerait aucun travail.

51.º En effet, si l'on examine attentivement , après les crues, les nouvelles fouilles
des eaux, l'on se convaincra qu'elles n'ont
été produites que par les dépôts , ou par
quelques obstacles naturels ou factices , qui
ont contrarié leurs courans ; même dans le
cours ordinaire des torrens et rivières, on
ne voit pas une de ces fouilles , sans qu'une
de ces causes ne l'ait ammenée ; et voilà pourquoi il est dangereux de contrarier un courant , parce qu'on ne peut prévoir le chemin
qu'il se frayera.

52.º Suivant l'opinion de l'ingénieur Fabre ,
la cause de leurs ravages est le défrichement
des montagnes ; je suis de son avis à l'appli-
cation près du principe du mal , qui semble
n'avoir de rapport qu'à l'augmentation du
volume d'eau isolé des matières qu'il entraîne , tandis que je dis que le ravage des eaux

est principalement à raison des matières,
qui, sans le défrichement, n'auraient pas été
arrachées des montagnes, et qui, en se posant
dans le lit du torrent, y forment des dépôts
qui changent sa direction. (Voyez art. 50.)

Avant le défrichement des montagnes,
les courans d'eaux qui étaient à-peu-près
les mêmes, quant à leur fourniture dans
les torrens, ne faisaient que très-peu ou point
de mal; et cette différence d'alors avec leur
état actuel, se fait encore voir aujourd'hui,
en comparant les pays du nord qui n'ont
point encore été défrichés, à ceux méridio-
naux, tels que la Provence, où, vu la beauté
du climat, le pays s'étant peuplé plutôt, les premiers défrichemens ont commencé à se faire :
aussi voit-on que les montagnes du nord, qui
n'ont pas été défrichées, ont encore toutes
leurs terres végétales, tandis que les montagnes du midi en sont presqu'entièrement
dépouillées. S'il en était autrement, et que
les montagnes se fussent dépouillées avant
leur défrichement, depuis l'intervalle de leur
création jusqu'à nos jours, il n'en existerait
pas une qui n'offrit le tableau aride des
montagnes de la Provence , qui, autrefois
couvertes de terres végétales, d'arbres, de

verdure, dérobaient les rochers que l'on voit aujourd'hui.

Avant les défrichemens, les tems d'orage fournissaient, sur la même superficie, la même quantité d'eau, à la différence que le terrain étant couvert d'une terre végétale retenue par les racines d'arbres ou d'arbustes, ou par un gazon très-serré; la première eau qui descendait du sommet, n'avait pas la force de les arracher. Après le défrichement, les parties supérieures se trouvant sur une pente rapide et dépouillée de tout ce qui les fixait sur leur sol, ont été aisément entraînées, et ces mêmes parties ne présentant actuellement que des rochers ou un terrain aride, incapable de retenir les eaux, donnent déjà à celles-ci un volume et une force qui entraînent le terrain inférieur que leur livre le défrichement.

Il suit de-là que, pour peu que le terrain baisse et puisse rassembler, dans la même direction, un plus grand volume d'eau, quelquefois le simple sillon d'une charrue suffit; il commence à se former des ravins qui, par la suite, si le terrain est susceptible d'être creusé, deviennent des combes très-profondes, au fond desquelles se rassemble

une

une quantité d'eau capable d'entraîner les plus grosses matières.

53.° D'après cela, si l'on suit bien la gradation du ravage des torrens et rivières jusqu'à nos jours, on s'assurera qu'elle s'accorde parfaitement à la gradation du déblais des matières, et que celle-ci s'accorde de même au défrichement des montagnes : ce que je dis ici est prouvé par les montagnes du nord, qui n'ont point été défrichées, où le ravage des eaux est peu sensible ; il serait à désirer que le Roi renouvelât les anciennes ordonnances à ce sujet.

Il suit de ce que je viens de dire que le ravage des torrens et rivières doit être attribué principalement aux dépôts des matières qui s'arrêtent dans leurs lits, ainsi que je l'ai dit art. 5o.

54.° Cela bien conçu, il sera aisé de faire voir que, jusqu'à ce moment, pour se garantir du ravage des torrens, l'on n'a travaillé que contre le volume d'eau, et point contre le volume des matières, puisque, au lieu de les disperser pour diviser leurs forces, on les a contraints de se rassembler sur un même point, afin d'y réunir toutes leurs forces; et en cela n'ayant pas

attaqué le principe du mal, on n'est point
parvenu à s'en garantir; bien au contraire,
dans beaucoup d'occasions les moyens usités
jusqu'à ce jour, ont été plus nuisibles, par la
raison que je viens de dire, que si l'on avait
laissé ce torrent suivre son cours ordinaire.
Pour le prouver nous allons parcourir les
moyens pratiqués jusqu'à ce jour.

55.º Il en existe deux qui ont chacun leur
partisan, (tant il est vrai que lorsqu'on ne
part pas d'un vrai principe, les opinions doivent varier) c'est d'encaisser les lits des torrens entre deux digues, qui laissent entre
elles, ou un canal très-large, ou un canal
très-étroit.

56.º Si le canal est très-large, il en résulte
que les dépôts de matières se forment plus
près des montagnes, en raison de ce que les
eaux n'étant pas réserrées, ont moins de hauteur, et par conséquent moins de vîtesse et
de force ; mais ces dépôts se font nécessairement suivant le cours du torrent qui les
entraîne, et, forcés par les digues, ils se
rassemblent sur le même point où ils réunissent toutes leurs forces ; et dès le moment
qu'ils sont formés ils sont victorieux de sa
violence. (voyez art 50 et 51)

Si le dépôt s'est formé de manière que le courant attaque directement la digue, si celle-ci se trouve plus forte, et oppose plus de résistance que la fouille du fond de son lit, comme sa largeur totale est spacieuse, il fera un contour entre les deux digues, jusqu'à ce qu'un autre dépôt l'oblige à un autre contour, et ainsi de suite ; mais dans ce cas le canal se remblaie nécessairement par les dépôt des matériaux, au point que j'ai vu, en Provence et dans le Haut-Dauphiné, des lits de petits torrens ainsi contenus, exhaussés de trois à quatre mètres au-dessus du terrain qu'ils traversent, et cela dans l'espace de dix à douze années, quoique leurs lits fussent tracés en ligne droite. (20)

Mais, si comme cela peut arriver, et on n'en voit que trop d'exemples, le fond du lit

_____

(20) Le lit du torrent du Drac, au-dessous du pont de Claix, en offre un exemple ; il s'exhausse tous les jours ; il peut venir un tems où il sera parvenu à une telle hauteur que s'il vient à rompre ses digues, Grenoble et tous les terrains qui l'environnent courent les plus grands dangers, et cela d'autant plus que son cours actuel est forcé, et qu'autrefois sa direction naturelle était sur la ville ; cet accident ne serait jamais à craindre, si l'on eût retenu les dépôts dans le sein des montagnes.

oppose une résistance plus forte que les
digues, soit qu'il soit attaqué moins directement, soit par sa ténacité, où par quelque
obstacle imprévu, tel qu'une pierre d'un gros
volume, pour lors la digue est attaquée, rompue, et il s'y établit un courant d'autant
plus violent que le lit du torrent est plus
exhaussé : il s'en suit de là que ce torrent, ne
pouvant plus rentrer dans son lit vu qu'il se
trouve plus exhaussé et que les digues inférieures s'y opposent, causera des dégâts
épouvantables, en se fouillant dans tous les
sens de nouveaux canaux, et en comblant
les terres par les dépôts des matières qu'il
entraîne avec lui : or, dans ces circonstances,
il aurait mieux valu avoir laissé au torrent
son libre cours, parce qu'alors il n'aurait
point formé de dépôt capable de barrer
directement son chemin, puisque l'assemblage des matières qui le composent, n'aurait pas été forcé de se réunir sur le même
point, et qu'alors ne trouvant plus d'obstacle
qui eût augmenté sa fureur à la sortie de
son lit, ou qui l'eût empêché de venir le
rejoindre, il eût été moins terrible. (21)

_____

(21) Comme la plupart des torrens ont exhaussé

57.° En suivant le système de contenir les torrens entre deux digues très-resserrées, afin d'obtenir une plus grande vîtesse à ses eaux, si le torrent parcourt un long trajet pour arriver à la rivière qui le reçoit, les matières seront entraînées plus loin que dans le premier cas, et souvent poussées jusque dans les grandes plaines et dans les endroits les mieux cultivés ; mais il faut

---

leurs lits par les dépôts de matières, il arrive souvent que lorsqu'ils changent de direction, celle-ci se trouvant dans un terrain plus bas, l'eau ne peut rentrer dans son lit et cause des ravages considérables, mais toujours moindres, à beaucoup près, que si le torrent était enfermé entre deux digues, qui ont retenu, augmenté et resserré ces dépôts sur une plus grande hauteur, par conséquent donné au torrent plus de force et de violence, Si cet accident arrive loin de son embouchure, quel ravage ne causera-t-il pas pour parvenir sur la rivière ? Donc le seul moyen est de retenir les matières dans le sein des montagnes.

Je dis augmenté les dépôts : il est certain que les gros matériaux n'ayant pas tout le même poids, se déposant dans le lit du torrent, proportionnelle-ment à leur pesanteur, ne se rassembleraient pas, sur un même point, parce que le courant, n'étant pas gêné, les laisseraient où ils se seraient arrêtés ; ce qui ne saurait résulter dans un courant resserré et con-tenu entre deux digues.

nécessairement qu'elles se déposent, et dès le moment que ce dépôt sera maçonné par le courant, il occupera toute la largeur du canal, le torrent trouvant alors un obstacle, et je le répète, dont chaque partie, à elle seule, a vaincu sa force, et dont l'assemblage oppose une résistance proportionnelle à la masse d'eau qui se réunit contre lui, et ne pouvant se fouiller un autre chemin dans son lit, il attaquera la digue et la culbutera.

Si la digue était un moment plus forte que le dépôt, il en peut résulter deux cas; le premier, que ce dépôt sera entraîné plus loin pour en former un nouveau où la digue sera encore attaquée, et cette manœuvre subsistera jusqu'à ce qu'elle soit enfin rompue; si cet accident n'arrive pas à toutes les crues d'eau, il peut s'en trouver une assez forte qui l'amènera. Dans le second cas, si la digue était assez forte, pour qu'elle pût résister aux attaques du torrent, comme il faut absolument que les matières se déposent, elles remblayeront le lit du torrent jusqu'au moment où le courant pourra s'échapper par-dessus les digues, et par ce moyen il acquerra une fureur d'autant plus grande, que la digue sera plus exhaussée : il n'est pas de ma connaissance qu'une digue soit assez forte pour produire un tel effet.

58.° Si le trajet que le torrent doit parcourir pour arriver à la rivière est court, toutes ces matières seront ammenées dans le lit de la rivière, où elles formeront un dépôt qui sera encore plus dangereux que dans le lit du torrent, en ce qu'il contrariera un plus grand volume d'eau, et presque toujours dans un terrain plus précieux à conserver. (Voyez la note 22). Ce système

---

(22) Je suis fâché de n'être pas d'accord avec l'ingénieur Fabre, dont l'opinion est de resserrer les torrens entre deux digues très-rapprochées, pour que le lit du torrent soit déblayé ; il obtiendra en effet ce qu'il demande, mais son résultat causera des ravages bien plus affreux, et je ne vois que le bassin de la mer, où ces matières puissent être déposés sans danger.

On a suivi son système au torrent de Voreppe ; qu'on en demande le résultat aux habitans de l'endroit, ils répondront que jamais le torrent n'avait fait autant de mal ; qu'il a rompu les digues les plus fortes et les mieux construites que l'on ait jamais faites, pour porter sur les terres, avec la désolation, un dépôt immense de matières; mais ce malheur particulier est moins considérable que celui d'avoir

est donc encore plus dangereux que le premier.

Une largeur moyenne au canal n'est pas plus rassurante, et a les mêmes inconvéniens que celles ci-dessus ; il devient inutile de citer encore des faits qui ne sont que trop connus ; les papiers publics nous

---

amené ces matières dans le lit de l'Isère, où ce torrent se jette presque vis-à-vis le rocher de l'Echaillon, et où il a remblayé le lit de la rivière, et par là retardé le seul débit des eaux de la vallée du Graisivaudan, qui déjà ne suffit pas, à beaucoup près, pour débiter, dans les crues d'eaux, toutes celles qui s'accumulent sur ce passage. En second lieu, en jetant la rivière contre le rocher de l'Echaillon, qui autrefois en était éloigné, elle a emporté un terrain considérable très précieux, nommé le fief de l'Echaillon, dont il ne reste pas un seul pouce de terrain ; l'on doit voir, par cet exemple, combien il importe d'arrêter ces dépôts, qui, par la suite des tems, pourraient submerger une partie de la basse vallée. Voilà donc le résultat des torrens enfermés entre des digues resserrées et même spacieuses. Qui pourra répondre que le torrent de Voreppe ne détâchera pas un volume assez considérable de matières, pour barrer tout le passage de la rivière jusqu'au rocher de l'Echaillon ? c'est ce qui est arrivé au lac de Luc, dont les eaux se jettent dans la Drôme, et qui a englouti l'ancienne capitale des Voconces.

en donnent tous les jours des descriptions
qui font frémir. Ceux qui ont attentivement
observé les torrens dans leurs grandes crues,
reconnaîtront que c'est leur histoire que je
viens de faire, et d'après le vrai tableau que
j'en ai présenté , l'on peut conclure affirma-
tivement.

59.° Que la principale cause du ravage
des eaux en général existe dans les dépôts des
matières que les torrens entraînent avec eux,
car sans ces dépôts il serait possible de maintenir la plus grande vîtesse, ou la force de l'eau,
au milieu de son lit , puisqu'aucun obstacle
ne la forcerait de changer, et par ce moyen
on ne courrait plus le danger d'avoir à combattre un courant destructeur ; pour lors on
n'aurait plus à craindre que les inondations
momentanées dont on pourrait se garantir.

60.° Que tout courant dégagé des prin-
cipales matières qu'il entraîne avec lui , (la
cause étant détruite, l'effet le sera aussi) ne
changera jamais de direction, et de même
ne fouillera jamais, dès le moment qu'on
l'obligera de déposer sur les bords de son
lit, le reste des petites matières qu'il entraîne , telles que le petit gravier et le sable , et

pour lors les digues, quelque faibles qu'elles soient, seront à l'abri d'être rompues.

61.º Le problême se réduit donc à retenir, dans le sein des montagnes, les gros matériaux, à fixer la direction de la plus grande vîtesse du courant au milieu de son lit, et à contenir les eaux de l'inondation.

Je vais présenter ici ma solution, sans prétendre qu'elle soit la mieux possible ; je désire que messieurs les ingénieurs, chargés de pareils travaux, en trouvent une meilleure ; mais qu'ils se persuadent bien que la cause principale du ravage des eaux, existe dans les dépôts de matières qu'elles entraînent avec elles, qu'il faut absolument combattre, sans quoi ils ne viendront jamais à bout de s'en garantir, et que si, par la méthode que l'on a employée jusqu'ici, ils remédient un moment à un mal local, les résultats en peuvent devenir par la suite des plus affreux, et produire des désastres incalculables.

Méthode pour se préserver du ravage des Torrens et Rivières.

Pour venir à bout de résoudre le problême ci-dessus, il serait inutile de chercher à

maîtriser dans leurs dépôts les gros matériaux
que le torrent entraîne, ce qui est même
impossible ; la première chose qui se présente naturellement, c'est de les retenir
dans les montagnes qui les fournissent, je
ne vois pas d'autre moyen ; voici ce que je
propose avec la hardiesse que les remar-
ques et l'expérience ont fournie, toutes les
fois que l'on a été à portée de faire usage des
moyens que je donne ici.

62.º C'est de profiter, à leur débouché
dans la plaine, de tous les endroits où les torrens se trouvent encaissés, pour y construire
plusieurs barres de suite, que l'on élèvera à
fur et à mesure qu'elles seront remblayées,
afin de ne pas rassembler contre elles un volume d'eau capable de les renverser ; leur
distance et leur nombre seront réglés
suivant la pente du lit, la force et le volume des eaux, en sorte que lorsqu'elles
seront remblayées, elles présenteront, d'une
barre à l'autre, de petites plaines presque
de niveau, que l'on pourra considérer
comme les foulées d'une grande marche ;
les barres comme leurs hauteurs, et l'assemblage des barres comme un grand
escalier.

Les encaissemens qu'il faudra choisir,
sont ceux des débouchés des torrens dans les
plaines, où ils existent toujours à leur sortie
des montagnes, et cela afin de rendre la
direction du torrent invariable, de présenter
au courant des parois qu'il ne saurait rompre, et qu'en abandonnant les pentes qui
fournissent les grosses matières, ils ne soient
pas dans le cas de s'en recharger.

Ces barres auront une forme circulaire,
dont la convexité sera tournée en amont au
courant de l'eau; leurs extrémités seront
enfoncées un peu en avant dans le terrain,
ou appuyées contre des crochets de rocher,
afin qu'elles soient invariablement fixées;
on choisira des pierres qui soient taillées en
forme de voussoirs; si on n'en trouve pas,
elles seront façonnées grossièrement avec le
marteau et posées à sec; il est inutile de
rechercher un parement bien uni et agréable
à la vue; il ne s'agit ici que de la solidité;
ce parement des barres aura le moins de
talus possible, afin que l'eau tombe perpendiculairement et ne puisse pas glisser sur
une pente qui augmenterait la vîtesse de son
courant, tandis que par sa chute elle en per-

dra une partie ; au moyen du refoulement qu'elle éprouvera à son pied.

L'expérience prouve tous les jours que les barres que l'on construit dans les montagnes, forment de petites plaines presque horisontales, que l'on pourrait rendre telles, en les exhaussant par les matériaux qui s'y arrêtent ; elles sont très-peu dispendieuses , parce que presque toujours les torrens eux-mêmes amènent les pierres nécessaires à leur construction ; mais quand même cette fourniture ne serait pas faite , l'objet est assez essentiel pour qu'on ne craigne pas d'en faire le transport.

Le premier dépôt se formera contre la première barre qui retiendra les plus gros matériaux ; le second sur la seconde barre ; le troisième contre la troisième , et ainsi de suite, pour un plus grand nombre de barres, si cela devient nécessaire. Après ces premiers dépôts , l'on exhaussera les barres à fur et à mesure qu'elles seront remblayées, jusqu'à ce qu'on ait obtenu des plaines presque de niveau d'une barre à l'autre.

Le lit du torrent ainsi formé , le courant commencera à perdre une partie de sa force

par sa chute (23) , qui sera presque entièrement détruite , en parcourant la première ,
la seconde et la troisième plaine , et leur
nombre sera fixé jusqu'au moment où l'on
s'apercevra qu'après avoir franchi la dernière ,
il n'aura plus la force d'entraîner que le sable
et le menu gravier. Au reste, un plus grand
nombre de barres ne saurait qu'être avantageux , tandis qu'un moindre ne remplirait
pas l'objet qu'on se propose ; et pour l'obtenir plus surement , il faudra avoir attention de donner le plus de longueur possible
à ces petites plaines, en choisissant dans le
lit du torrent la pente la plus douce : plus
elles seront longues , plus on sera sûr d'obtenir cet effet ; il deviendrait fort inutile de
les faire trop courtes , parce que le courant
n'aurait pas le tems de perdre sa vîtesse ,
qui va toujours en décroissant proportionnellement à la longueur du lit presque horisontal qu'il parcourt ; ainsi, il faudra tâ-

---

(23) Et cela malgré l'augmentation de la vîtesse
dans le moment de sa chute , parce qu'il tombera sur
le fond dans une direction presque verticale , et que sa
répercution remontera presque verticalement , et
finira d'être anéantie par les eaux de la seconde
plaine , roulantes sur un lit présque horisontal.

cher de donner au moins de quatre-vingt à
cent mètres de longueur à ces plaines.

J'ai dit ci-dessus qu'il fallait choisir les
endroits où le torrent était encaissé dans les
parois des contre-forts ; ceci est d'autant
plus essentiel , que les digues ne sauraient
les remplacer , parce que quelque fortes
qu'elles fussent , (si cela pouvait s'assurer ,
contre la violence d'un courant barré dans
son cours) elles n'auraient jamais assez de
hauteur pour se mettre à l'abri de tout évènement possible. Il faut donc profiter de l'encais-
sement du lit à la sortie des montagnes , et
choisir encore des parois assez élevés pour
ne pas craindre que les barres remblayées
puissent en atteindre , à beaucoup près , leur
sommité. Afin de pouvoir contenir toutes les
eaux, l'on aura aussi attention de ne pas passer
au plus un mètre à chaque exhaussement de
barre , même moins si le torrent est violent
et contient un grand volume d'eau.

Il est indispensable de conserver au lit la
forme indiquée ci-dessus ; et lorsque les
plaines, formées par les différens étages d'escaliers , seront parvenues à leur perfection ,
c'est-à-dire, lorsqu'elles se joindront toutes

ensemble, il faudra avoir attention, dans les grandes crues d'eaux, de déblayer les matières qui s'y seraient déposées; ou plutôt, pour moins d'ouvrage, les disposer en exhaussement de barre, car il ne peut résulter qu'un mieux de cette méthode, sans qu'elle entraîne aucun inconvénient; sans cette précaution, par la suite des tems, les petites plaines et les barres disparaîtraient pour laisser reprendre au lit sa première forme.

Si le torrent, dont il faut se garantir, était d'une violence telle qu'il fût difficile de le dompter entièrement, il faudrait pour lors l'attaquer en détail, en retenant, par quelques barres, les plus grosses matières des principaux torrens qui le fournissent, sans cependant y apporter le même soin que pour celles ci-dessus, parce que ces barres ne seraient que pour diminuer le nombre des matières entraînées par le principal torrent, et non de n'en laisser échapper aucune; bien entendu qu'après ces opérations l'on ferait à ce torrent ce que j'ai dit ci-dessus.

Cela bien conçu et vérifié en partie par l'effet

l'effet des barres que l'on a construites dans les montagnes, il en résulte que l'on n'aura plus de dépôts nuisibles à craindre, (24) et que l'on pourra maintenir la plus grande vîtesse de l'eau, suivant la direction du milieu de son canal, en y fixant sa plus grande hauteur, au moyen d'une cunette ou petit fossé, dont la profondeur au-dessous du lit

---

(24) Combien de malheurs l'on aurait évités, si l'on avait pris ce parti dès le moment où ces torrens ont commencé leurs ravages. Il y a environ seize ans que j'avais publié un petit Mémoire sur ce sujet, auquel on n'a pas fait toute l'attention qu'il méritait. Nous étions alors sous le régime de l'ambition et de l'égoïsme. Aujourd'hui que nous avons le bonheur d'être sous le règne de notre Roi légitime, nous ne devons plus faire qu'une même famille, dont chaque membre ne saurait fonder son bonheur sur le malheur de son frère; nous devons donc tous nous réunir dans les mêmes sentimens et nous rendre dignes d'être les enfans chéris de notre auguste père, de celui qui nous rend au bonheur. Ainsi, j'espère que MM. les ingénieurs des ponts et chaussées, sans jalousie, comme moi, sans d'autres prétentions que celle d'être utile au Roi et par conséquent à la patrie, voudront bien faire attention aux vérités que je dis ici, et rectifier, s'il est possible, les moyens que j'indique pour se préserver des ravages des torrens et rivières.

du torrent, n'aura besoin que d'avoir au plus un mètre et même moins, puisqu'il ne s'agit que d'y fixer la plus grande hauteur de l'eau ; les bords en seront retenus par deux simples paremens en pierre sèche, qui viendront mourir au milieu du lit de la cunette. Sa largeur et même sa profondeur seront réglées, en sorte que les eaux ordinaires du torrent puissent en remplir exactement la capacité.

L'on se garantira des inondations par de simples levées en graviers puisés dans le canal du torrent. On établira le fond de son lit en pente des digues à la cunette, ce qui se fera aisément dans l'exécution des digues remblayées en gravier, qui laisseront entr'elles une largeur assez considérable pour contenir un volume d'eau au-dessus de la fourniture des orages les plus violens.

Il s'agit maintenant de prouver que la cunette sera à l'abri d'être comblée, et que les digues en gravier, bien loin d'être attaquées, seront au contraire remblayées.

Il est certain que la plus grande vîtesse du courant sera maintenue au milieu de son lit par la cunette, puisque sur sa direction sera fixée la plus grande hauteur d'eau, et

cette vîtesse ira en décroissant, ainsi que
la hauteur de l'eau, jusque sur les bords
du canal, où les digues sont placées ; d'où
il résultera que les sables, ou menus graviers, échappés aux barres, se trouvant
dans un milieu qui tourmentera leurs forces d'inertie, inséparables des molécules
de matières, fuiront cette plus grande vîtesse
qui trouble leur repos, c'est-à-dire le lit de
la cunette, pour chercher ce repos dans la
moindre force qui n'existe que contre les
digues ; ainsi celles-ci bien loin d'être débla-
yées, seront au contraire toujours remblayées
dans la crue des eaux sujettes à se charger
ou à entraîner les matières échappées aux
barres.

Ceci n'a pas besoin d'expérience pour être
confirmé ; la preuve s'en voit clairement,
en observant la manière dont se forment les
dépôts en général, et sur tout dans le lit des
rivières où l'on voit que chaque matière
fuit, suivant sa pésanteur, la plus grande
force qui la met en mouvement, pour
passer successivement dans celles qui n'ont
pas la force de déranger leur inertie; en
sorte que le fond du lit sur lequel roule le
plus fort courant, ne garde que les graviers

ou gros cailloux qu'il ne peut entraîner, et
se trouve nettoyé des menus graviers et du
sable qui se posent en suivant la même progression, savoir : le gravier, le gros sable
et le sable fin sur le bord de la rivière, où
la vîtesse est la moins forte, et comme le
lit du torrent se trouvera purgé des cailloux
et gros graviers, qui seuls auraient pu rester
dans la cunette, celle-ci rejettera tout le
gravier et le sable qui iront se déposer contre
la digue; donc la cunette ne sera jamais
remblayée, et les digues, loin d'être attaquées, seront au contraire remblayées (25).

_____

(25) Suivant l'opinion de l'ingénieur Fabre, le fond
des rivières s'approfondit de plus en plus; il a raison.
Lorsque la rivière vient de se former un nouveau canal, elle creusera son lit jusqu'au moment où elle
sera établie sur un fond capable de résister à la force
de son courant, ou lorsque quelque dépôt ou quelque
obstacle rebelle la forcera de creuser ou d'enlever
toutes les matières légères que la force de son courant, augmentée par le dépôt, où un obstacle rebelle
lui permettra de soulever. Ce sont-là les seules causes
qui semblent donner cette propriété aux rivières et
torrens. Mais il est de fait que les plaines se sont
exhaussées aux dépens des montagnes depuis leur
défrichement, et que le fond des rivières a subi le
même sort.

Si le torrent dont il faut se garantir était
à sec hors les temps d'orage, il ne serait

Il existe aux environs de Digne, en Provence, une
église dont le sol de l'intérieur était autrefois de niveau au terrain ; maintenant, il faut dix à douze
marches pour y descendre, et cette église n'est pas
bien ancienne. Tous les jours on est obligé de découvrir les chemins et les monumens des anciens, qui se
trouvent maintenant de beaucoup au—dessous du
niveau actuel des terres ; ceci est une vérité connue
de tout le monde : or, si, pendant ces remblais, les
rivières et torrens eussent creusé leur lit, il en résul-
terait que leurs excavations actuelles seraient très-
profondes, ce qui est sans exemple dans les plaines.

Il n'en est pas de même dans les montagnes où
l'on voit les torrens se former tous les jours des excavations très-profondes, parce que leurs pentes entre-
tiennent la force de leur courant ; ici l'ingénieur
Fabre a raison; mais il n'aurait pas dû appliquer
cette vérité sur les plaines où se construisent les digues. Il est inutile de s'appesantir sur une vérité
prouvée, que les plaines se sont remblayées aux dépens des montagnes ; ainsi, l'ingénieur Fabre, en
appliquant son hypothèse sur les plaines, n'a pas
plus réfléchi que les ingénieurs qui, jusqu'ici, n'ont
combattu dans les torrens que le volume d'eau et
non celui des matières, seule cause du ravage des
eaux, tant il est vrai que, pour soutenir un système
qui ne part pas d'un vrai principe, on se trouve
obligé, pour le prouver, de faire des suppositions
peu d'accord avec les évènemens de la nature.

pas moins nécessaire d'y pratiquer une cunette , et comme dans ce cas les eaux y
arrivent dans le même moment , la cunette
déterminerait toujours sur elle la plus grande
hauteur d'eau , et par conséquent la plus
grande force du courant ; d'où il s'en suit
qu'elle rejetterait hors d'elle tout le gravier
et tout le sable que la fin de la dernière crue
d'eau y aurait abandonnés.

61.º Pour se préserver du ravage des rivières , l'on doit suivre à-peu-près le même
système que pour les torrens. Il faut resserrer
leurs lits ordinaires, afin qu'à la moindre crue
l'eau puisse déborder et contenir ensuite
avec prudence (26) le volume des inondations , entre deux digues faites simplement
par des levées en terre ou en gravier.

Le moyen le plus simple selon moi de retenir une rivière dans son lit , est de planter
sur ses bords , non sur le terrain , mais dans le
canal , une rangée de pilotis , au refus du
mouton , tant pleins que vides , et dont les

---

(26) J'expliquerai à la fin de ce Mémoire ce que
j'entends ici par le mot prudence ; il est nécessaire
auparavant de connaître tous les inconvéniens du
cours de l'Isère , qui est dans un cas particulier.

têtes doivent être au-dessous de la surface des plus basses eaux, afin d'éviter la pourriture qui commence toujours par les parties exposées à l'air (27).

---

(27) M. de L....a voulu faire cette expérience dans sa propriété à Saint-Roch ; elle ne lui a pas réussi, et elle ne devait pas lui réussir ; la raison en est simple : les pilotis au lieu d'être plantés au refus du mouton dans le fond de la rivière, le furent sur le terrain, non au refus du mouton, à l'exception de quelques pilotis, qui sans être parvenus à beaucoup près à la profondeur nécessaire, n'étant point armés d'un sabot en fer, leurs pointes en bois furent émoussées par quelques pierres qu'ils auraient écartées s'ils eussent été armés ; de sorte qu'ils parurent refuser le mouton ; comme ils n'avaient pas atteint, à beaucoup près, la profondeur nécessaire au-dessous du lit, pour résister à la force du courant qui se dirigeait toute entière sur eux, ils furent aisément enlevés.

Ce qui doit rassurer sur un pareil évènement, ce sont les pilotis plantés sous les piles des ponts à Gières et au-dessous du pont de Pic-Pierre, pour soutenir les maçonneries et les digues en pierre, ainsi que dans beaucoup de points de l'Isère, qui tous ont résisté à la fureur du courant ; il est vrai que l'on a commencé au fond de la rivière, et que par là on a évité tout le trajet de la surface du terrain jusqu'au fond du lit, que les pilotis de M. de L.... n'avaient pas seulement pénétré.

(120)

Je me suis fait une règle de ne parler jamais
que d'après l'expérience que m'offrent les
évènemens résultans des lois de la nature, que
j'ai tâché d'expliquer ; et ici il ne faut pas
du savoir, mais simplement un bon jugement ;
jamais je n'aurais voulu m'en rapporter à des
expériences physiques qu'il est impossible de
bien faire, surtout sur le cours des rivières et

———

Il est essentiel que les têtes des pilotis soient au-
dessous de la surface des plus basses eaux , pour se
conserver ; ceux qui entourent les piles des ponts
sont la preuve de ce que j'avance ici ; et dans le cas
où l'intervalle laissé entre les pilotis, n'arrêterait pas
dans le moment la fouille des eaux , il faudrait jeter
quelques fagots de verne entre les pilotis et le terrain , fixés , si l'on veut , par quelques grands piquets de saule , qui , prenant racine , assureraient à
jamais cette digue ; et cela est si vrai qu'il existait
en 1780, en avant du Fort-Louis sur le Rhin , un
épi-noyer , dont les bois et les liens sont dans leur
entier , qui gênait sa navigation depuis plus d'un
siècle , et que l'on n'avait pu arracher. Au reste ,
cette précaution n'est que momentanée , parce que
le courant éprouvant une résistance plus forte que
celle des dépôts qui ont fait changer sa direction , les
enlevera pour se former un nouveau passage , et
viendra déposer les matières qu'il entraîne contre les
pilotis ; je ne parle ici que d'après ce que l'on voit
tous les jours et d'après mon expérience.

torrens qui éprouvent tant de contradictions différentes : je dirai donc ici, que ce qui m'a donné l'idée des barres, ce sont celles que j'ai vu exécuter dans les montagnes par les paysans, et celles des pilotis, c'est que j'ai vu à la Gache, au pied du Fort-Barraux, qu'un particulier peu aisé avait planté, au fond de la rivière, de forts piquets, simplement au refus d'une lourde masse, et que, par ce seul moyen, il avait préservé de la fouille son terrain, rebuté et renvoyé le courant au milieu de la rivière, qui venait directement contre lui.

Je ne parlerai donc point dans ce mémoire des expériences que je fis à Barraux, sur les différentes vîtesses des tranches d'un courant, depuis sa surface jusqu'au fond de son lit ; expériences que j'avais cru nécessaires, pour expliquer pourquoi la force fouillante d'un courant était à peu de distance du fond de son lit; chose, ainsi que le dit M.ʳ le vicomte du Buat, étrangère et inutile à un objet qui ne doit s'appuyer que sur des faits, et non sur des calculs et des expériences qui peuvent être fautives. Je dirai seulement, pour rassurer ceux qui voudraient faire usage des pilotis et s'épargner les dépenses énormes des digues et jetées en pierre, que le terrain supérieur à la tête des pilotis ne doit jamais être fouillé par la rivière.

L'on doit avoir remarqué que les fouilles ne se font point dans le tems des inondations, mais bien lorsque toute la rivière est contenue dans son lit, qui pour lors creuse le terrain à peu de distance du fond du lit; et lorsqu'elle est parvenue à faire une excavation, le terrain supérieur se rompt et tombe dans la rivière; or, à cette profondeur, les pilotis se présentent pour rompre cette force fouillante; d'ailleurs le courant, ayant perdu, en passant sur ces pilotis, toute la hauteur qui existe entre leurs têtes et le fond du lit, à perdu, à raison de ce, une force proportionnelle à cette hauteur; ce qui le rendrait incapable de fouiller.

Au reste cette idée de pilotis bonne ou mauvaise, n'influe en rien sur la cause du ravage des eaux, ni sur la manière de s'en garantir par les barres, cunettes et digues; il est loisible à chacun d'employer les moyens qu'il croira les plus avantageux, pour se soustraire aux ravages des eaux, en suivant le système que je viens de proposer.

Il est cependant nécessaire que je dise
un mot sur les barrages perpendiculaires,
que l'ingénieur Fabre veut que l'on oppose
au courant d'une rivière, pour préserver la
rive, sur laquelle sont appuyées ces barres, de
la fouille de son terrain. J'ai remarqué, ainsi
que bien d'autres, que ces jetées rebelles,
bien loin de calmer la fureur du courant,
semblent au contraire l'augmenter, et cela
doit être, puisqu'il l'oblige de réunir en une
seule et même direction, toutes les forces
qu'il distribuait sur la longueur de cette
digue, pour la tourner et venir avec plus de
fureur, attaquer, à peu de distance d'elle,
son terrain inférieur; et l'on ne se préserve
de cette fouille qu'en présentant une autre
digue rebelle et ainsi de suite : mais ces
sortes d'opérations n'ont jamais renvoyé le
courant au milieu de son lit; il semble que
plus on veut le combattre, plus il s'opiniâtre
à rassembler continuellement ses forces contre tout obstacle qui le contrarie directement. Je pourrais en donner la raison si cela
n'alongeait pas un mémoire que je veux rendre le plus bref possible.

Un pareil projet me fut présenté il y a
long-tems, pour garantir l'angle de la Cita-

delle de Grenoble, contre lequel le plus fort courant de l'Isère se jetait avec fureur ; je me gardai bien de l'exécuter ; je fis simplement planter des pilotis au refus du mouton, dans une direction qui, bien-loin de contrarier le courant, le caressait pour ainsi dire. Deux ou trois mois après, le courant de l'Isère fut renvoyé au milieu de son lit, où il est fixé depuis plus de 40 ans, et mes pilotis se sont couverts de terre, en sorte qu'ils ne paraissent plus : si j'avais exécuté le projet de la barre rebelle, le courant, qui, dans ce moment, se jetait contre l'angle, aurait attaqué, avec plus de fureur que jamais, la face inférieure du bastion. En se transportant sur le local, on s'assurera de la vérité de ce que je viens de dire.

D'après cela il ne faut jamais contrarier un courant, mais bien le carresser par des digues les moins rebelles possibles, et en cela je suis d'accord avec M. le Vicomte du Buat, le seul savant qui jusqu'ici ait appliqué l'hidrolique sur le cours des rivières.

Il me semble que je viens d'éclaircir la vraie cause du ravage des torrens et rivières, et d'indiquer une manière de s'en garantir.

Il me reste à faire voir les dangers de redresser les contours d'une rivière ; je prendrai pour exemple le projet de redresser les contours de l'Isère au-dessus de Grenoble, dans la haute vallée du Graisivaudan.

Du danger de redresser les contours d'une Rivière.

L'on a vu par les détails que j'ai faits concernant les défenses extérieures qui enveloppent Grenoble , combien les contours de l'Isère favorisent cette défense, et que, pour cette seule raison , il est indispensable de les conserver. Je vais maintenant faire voir qu'en les redressant, si Grenoble n'est pas annéanti, il court tout au moins les plus grands dangers.

Je vais commencer par le tableau général des fournitures d'eaux qui se rassemblent dans la vallée du Graisivaudan.

L'on a vu par la description que j'ai faite, art. 23 , que les eaux du Drac et de la Romanche rassemblent toutes celles dont j'ai déjà parlé , qui , étant réunies viennent

se jeter dans le bassin de la vallée inférieure, en se joignant au cours de l'Isère,
environ à 3000 mètres au-dessous de la ville
de Grenoble.

Le gonflement des eaux de l'Isère, annon-
çant son inondation, se joint dans le même
instant à l'arrivée des plus fortes eaux du Drac,
de la Romanche, et toutes ces eaux réunies
n'ont d'autre passage que la petite plaine,
comprise entre le rocher de l'Echaillon et
les remblais du torrent de l'Oise, (Voyez
la note (28) et son article, dont leur
débit est encore retardé par le contour très-
aigu que forme l'Isère autour du rocher de
l'Echaillon ; d'où il résulte qu'il se forme une
inondation au pied de la basse vallée, dans la
plaine située entre le bourg de Voreppe et
le village de Veurey.

Dans le même moment où cette inondation se fait sentir dans le bas de la vallée,
l'Isère en forme une autre à Montmeillant
situé au sommet de la vallée ; et cette inondation n'arrive au pas de l'Echaillon que 24 heures après celle des deux torrens ci-dessus ; en
sorte que la surabondance de leurs eaux
est presque entièrement écoulée lors de

l'arrivée des plus fortes eaux de l'Isère. (28)

Cette inondation, dans la vallée de Mont-meillant, n'aurait pas lieu si les contours que l'Isère fait entre Grenoble et la Gache, ne gênaient pas son débit, ainsi que l'angle aigu que son lit forme à la pointe du Mont-Rachet, semblable à celui qu'il forme au tour du rocher de l'Echaillon.

Dans la vallée supérieure, la ligne directe de la Gache à Grenoble, a de longueur à-peu-près 18000 mètres, et les contours dé-veloppés de l'Isère, 27000; en redressant ces contours vous augmentez la pente du lit d'un tiers, et de plus vous détruisez tous les frot-temens que les parois de ces contours présen-taient au courant. qui retardaient sa vîtesse, et par conséquent son débit; d'où il résul-

---

(28) L'Isère rassemble toutes les eaux des trois val-lées de la Savoie, la Maurienne, la Tarantaise et le Faussigni; ce qui fournit une étendue près du dou-ble de celle qui fournit les eaux de la Romanche et du Drac; et cette étendue est placée à-peu-près à la même distance de Montmeillan que celle de la Romanche et du Drac l'est de l'Echaillon; d'où il résulte que l'inon-dation de l'Isère à Montmeillan, se forme dans le même moment que celle des deux torrens, au pas de l'Echaillon.

tera qu'en redressant les contours de l'Isère, ces deux moyens, la pente du lit augmentée d'un tiers, et le frottement des contours détruits, il résultera dis-je que l'on amènera sur Grenoble, et dans le même moment, 24 heures plutôt, toutes les eaux qui séjournaient pendant trois jours dans les vallées de Montmeillant et du Graisivaudan.

Voyons maintenant si la partie inférieure de la vallée au-dessous de Grenoble, pourra débiter cette effroyable quantité d'eau, (il faut l'avoir vue et calculée comme moi, pour en apprécier le prodigieux volume) (29) à fur et à mesure qu'elle s'accumulera sur la ville ; le seul angle aigu que le lit de la rivière forme à la pointe du Mont-Rachet, est seul capable d'en retarder le débit, et par - là de causer les plus grands ravages dans la ville.

Depuis

---

(29) Les calculs que je fis dans le tems et que j'envoyai à M. de Buat, me donnèrent trente-deux pieds d'eau au-dessus du cours ordinaire de l'Isère ; il m'est impossible de ne pas frémir sur les dangers de Grenoble, toutes les fois que j'entends parler de cet affreux projet.

Depuis la jonction du Drac jusques au rocher de l'Echaillon, la rivière occupe presque tout le terrain, que le rétrécissement de la vallée peut lui permettre d'occuper ; en sorte que dans les grandes crues d'eaux, tous les petits contours qu'elle fait sont renfermés dans un canal presqu'en ligne droite, impossible à redresser ni à élargir d'une manière sensible, du rocher de l'Echaillon à l'embouchure du Drac, ni même jusqu'à Grenoble, sans couper les digues du Drac, rapprocher de la ville sa jonction à l'Isère, et détruire par-là l'excellente opération que l'on a faite en renvoyant à deux mille mètres plus bas la jonction du Drac à l'Isère, qui autrefois venait frapper perpendiculairement cette rivière à mille mètres au-dessous de la ville, et qui, depuis ce moment, n'est plus aussi sujette aux inondations.

Du rocher de la porte de France au rocher de l'Echaillon, on trouve à-peu-près 14200 mètres, et en développant les contours qu'elle forme dans son grand canal, on trouve environ 16300 mètres ; or, on ne peut augmenter la pente du grand lit qui débite l'inondation, et en redressant ces petits contours

9

qui ne donneraient qu'un septième de pente
de plus, on ne ferait que redresser le plus fort
courant dans ce grand canal, dont on ne
saurait augmenter la pente, et par conséquent
le débit, à l'exception de celui qui lui aurait
été procuré par la très-petite augmentation
de vîtesse de son plus fort courant, augmentation insensible et qui ne saurait se comparer à celle du redressement des contours de
la vallée supérieure, qui augmente la pente
du lit d'un tiers, détruit tous les frottemens
des contours qui retardaient le débit, et fait
marcher en ligne directe le grand canal de
l'inondation qui suivait autrefois tous les
contours de l'Isère.

Voilà le vrai tableau du redressement du
lit de l'Isère dans la haute vallée et de son
débit dans la vallée inférieure; or, si, dans les
inondations ordinaires, cette partie inférieure ne fournit pas un débit assez considérable
pour la simple surabondance des eaux du
Drac et de la Romanche, comment pourra-
t-elle débiter toutes les eaux des inondations
de ces trois rivières réunies dans le même
moment, tant sur Grenoble que sur le pas
de l'Echaillon, qui seront pour le moins trois

fois plus fortes ; car si ce pas avait suffi simplement à débiter les eaux de la Romanche
et du Drac, celles-ci n'auraient pas formé
une première inondation entre Voreppe et
Veurey.

C'est envain que l'on projette de faire des
canaux, de contenir les eaux surabondantes
entre des digues, le débit ne peut s'obtenir
qu'à raison de la pente ; or, dans la partie
inférieure, il est impossible de l'augmenter,
à moins que l'on ne croie possible de creuser
un canal plus en pente, depuis Grenoble
jusqu'à la mer, ou de percer le contre-fort de
l'Echaillon pour redresser le contour que le
lit de la rivière forme au tour de ce rocher ;
je ne vois pas d'autres moyens pour préserver
les environs de Grenoble, sans courir le risque de l'anéantir

Le projet d'augmenter la vîtesse de l'eau,
en rétrécissant ce canal inférieur, et conte-
nant ses eaux entre deux digues, est une
idée folle, impossible à exécuter par la
hauteur des digues qu'on ne pourrait établir solidement ; et quand même il serait
possible de les établir solides, plus l'eau
serait exhaussée, plus elle s'échapperait avec
fureur par les ouvertures que l'on serait

obligé d'y laisser pour l'écoulement des torrens qui se jettent dans l'Isère , entre les deux
rochers de l'Echaillon et de la porte de
France , à moins qu'on eût encore le projet
de contenir ces torrens entre des digues de
même hauteur que celle du canal ; et puisqu'on ne peut en augmenter la pente , la
vitesse du courant, et par conséquent son
débit ne pourrait s'acquérir qu'à raison d'une
plus grande hauteur d'eau , qui ne saurait
lui être donnée que par une inondation supérieure , c'est-à-dire par celle subsistante
sur la ville de Grenoble.

Ce qui m'a donné lieu à faire cette dernière réflexion , c'est que les partisans , ou
plutôt ceux qui voulaient remettre en avant
le projet du redressement du lit de l'Isère ,
pressés par les objections que je leur faisais ,
n'ont pas craint de mettre en avant cette
folle idée , de même que de me parler des
canaux inférieurs qu'ils voulaient faire pour
débiter les eaux surabondantes de la vallée
supérieure , comme si ces canaux pouvaient
leur donner un lit plus en pente , le seul
moyen d'obtenir un plus grand débit.

Ce n'est pas tout : je n'ai point encore
parlé des dépôts de matières qui se feraient

dans la basse vallée , à raison du courant
supérieur de la haute vallée , plus fort que
celui de la basse vallée , et qui pourrait ,
joint aux remblais du torrent de l'Oise, amener le résultat dont j'ai fait mention dans la
note (22). De même je n'ai point parlé de la
navigation de Grenoble à Montmeillan, qui
serait interrompue, le cours actuel de l'Isère
étant à peine suffisant pour l'entretenir.

Il y a environ une trentaine d'années que
l'on rassembla cinq ou six ingénieurs militaires , avec les ingénieurs des ponts et
chaussées, chez M. le duc de Tonnerre, alors
lieutenant-général de la province du Dauphiné , où en présence de M. l'Intendant et
de quelques principaux propriétaires , l'on
décida , à la vue d'un superbe plan parfaitement dessiné , que le rédressement des
contours de l'Isère dans la haute vallée,
était des plus avantageux possibles , et cela
sans se donner la peine d'en prévoir les suites , par la confiance qu'inspiraient les ta-
lens de MM. de Bourcet et de Reige-Morte,
qui , les premiers , avaient parlé de ce
projet. On ne pouvait pas s'imaginer que
des hommes aussi renommés par leurs ta-
lens, pussent proposer de mauvais projets;

c'est encore une des raisons que l'on m'a mise
en avant pour combattre mes objections,
car on ne pouvait les nier, puisqu'elles
étaient fondées sur des faits existans. On ne
me fit pas la grâce de me faire appeler dans
cette belle décision ; peut-être que j'aurais
pu faire voir qu'on se trompait, et c'est ce
qu'on ne voulait pas.

Effrayé des suites d'un pareil projet, je
dus le combattre ; je fis en conséquence des
expériences, des calculs et un mémoire où
je faisais à-peu-près le tableau que je présente
ici, sans prendre ni donner aucun avis pour
ou contre ce projet ; j'envoyai le tout à M.
le vicomte du Buat, pour lors ingénieur en
chef à Condé, le seul de tous les savans qui
se fût occupé à des expériences sur le cours
des rivières, et par conséquent le seul en
état d'en juger. Voici, mot à mot, la réponse
que j'en reçus.

Condé, le 8 juillet 1789.

« J'ai reçu, Monsieur, à mon retour d'un
» voyage que j'ai été forcé de faire, pour
» des affaires en Berri, le mémoire et le plan
» concernant le redressement projeté de
» l'Isère, que vous m'avez fait l'honneur de
» m'adresser. J'ai examiné avec attention

» les objections que l'on peut faire contre
» ce projet, les suites qui en résulteraient,
» le danger éminent qui menacerait la ville
» de Grenoble. Je suis entré, Monsieur, dans
» un assez grand détail sur les risques qu'on
» court dans ces sortes d'entreprises, dans
» l'ouvrage que j'ai donné au public en 1786;
» (principes d'Hydraulique) ils sont si
» grands, que, connaissant, comme je le sais,
» les lois que suivent les rivières dans leurs
» cours, et les terribles effets dont est capa-
» ble cet élément contrarié, que je me croi-
» rais coupable de la perte de la ville de
» Grenoble, si je paraissais approuver le
» moins du monde, le redressement du lit
» de l'Isère au-dessus de Grenoble, dans la
» vallée du Graisivaudan, et la construction
» des digues entre lesquelles on prétend
» contenir ses eaux enflées. Je pense néan-
» moins que ce projet peut paraître avan-
» tageux aux personnes qui ont peu d'expé-
» rience dans les matières d'Hydraulique,
» et qu'elles peuvent se persuader qu'il est
» possible de faire des digues de 20 à 24
» pieds de hauteur, pour contenir un torrent
» impétueux ; mais je les prierais de faire
» faire ces digues en métal comme le cui-

» vre et le fer, car je n'oserais pas même
» me fier à des quais en pierre de taille,
» comme ceux des écluses et des jetées
» à la mer.

» Cependant, Monsieur, je suis obligé de
» ne pas convenir avec vous du principe, que
» la plus grande vîtesse d'un courant est
» ailleurs qu'à sa surface et au milieu de sa
» largeur; vous verrez dans l'ouvrage que
» je viens de citer quantité d'expériences
» décisives sur cet objet; mais je regarde
» cette question comme indifférente à l'ob-
» jet dont il s'agit; ce n'est pas des rivières
» comme l'Isère, qui peuvent s'assujettir à
» des calculs rigoureux, parce que leur
» cours ne s'est jamais établi uniforme dans
» le temps des crues, et que quantité d'obs-
» tacles, s'opposent à la régularité de leurs
» mouvemens. En général, Monsieur, il est de
» règle de ne jamais redresser le cours des
» rivières, qu'en commençant par leurs em-
» bouchures, ou du moins par leurs jonc-
» tions à un grand fleuve, et d'aller toujours
» en remontant, et par des progrès lens et
» mesurés, de peur d'en trop faire; sans
» quoi l'on s'expose à des malheurs de la
» plus haute conséquence, à des change-

» mens de lits, à des fouilles qui peuvent
» renverser des villes entières, culbuter les
» campagnes, et laisser pour moindre regret
» celui d'avoir dépensé beaucoup d'argent
» pour faire un mal encore plus grand que
» celui de la perte de la dépense. Tel est,
« Monsieur, mon sentiment et mes réflexions,
» sur la question que vous me faites l'honneur
» de me proposer ; je ne mérite pas d'être
» regardé comme un oracle, tant s'en faut,
» sur cette matière ; mais je crois avoir assez
» acquis par une longue expérience, aidé
» de la théorie, pour assurer que, si l'on
» s'écarte de ces principes, il en arrivera
» les plus grands maux. Je suis donc entiè-
» rement de l'avis de renoncer au redresse-
» ment, et de se contenter d'élargir l'ancien
» lit sans lui faire des digues, en suivant
» les anciennes sinuosités ; je désire que le
» parti sage prévale en cette rencontre, et
» je désire bien aussi, que vous vouliez ren-
» dre justice aux sentimens avec lesquels
» j'ai l'honneur d'être,

MONSIEUR,

Votre très-humble et très-
obéissant serviteur,

Le Vicomte du BUAT.

D'après les observations que j'ai faites,
et surtout d'après la décision d'un savant,
le seul qui se soit occupé à fond de l'hydraulique des rivières , qui osera proposer le
redressement du lit de l'Isère au-dessus de
Grenoble ? le doute seul d'anéantir cette
ville, doit suffire pour le faire abandonner.
Il est étonnant, et j'ose l'affirmer ici , que
dans le temps où l'on remit en avant cet
affreux projet, je fusse le seul qui osai le désa-
prouver ; j'éprouvai même des menaces dans
le temps, tant on l'avait à cœur ; je fis cependant revenir de leur ivresse , ceux qui , sans
intérêt , voulaient m'écouter. Si le canal inférieur n'a pas suffi à débiter toutes les eaux
avant le redressement du lit de l'Isère, comment suffira-t-il à débiter dans le même moment toutes celles qu'on accumule sur la
ville, par le redressement supérieur et par
le rapprochement des inondations du Drac
et de l'Isère, qui , avant le redressement,
séjournaient pendant trois jours dans la vallée supérieure, et dans celle de Montmeillan ,
où elles ne s'arrêteront plus. Ainsi pour préserver Grenoble des inondations , bien loin
de diminuer les contours supérieurs , il faudrait les augmenter, afin d'affaiblir la four-

niture momentanée, et donner le temps à la partie inférieure de débiter les eaux à fur et à mesure de leur arrivée au bas du rocher de l'Echaillon. Pour parvenir à ce résultat, ce projet était donc l'inverse de ce qu'il devait être; heureusement son exécution coûtait 13 à 14 millions, sans quoi la ville de Grenoble n'existerait peut-être plus, surtout si, comme on le disait, on eût fait dans la Savoie la même opération, de redresser les contours de l'Isère au-dessus de Montmeillan.

J'ai retranché dans ce mémoire les expériences que je fis à Barraux, qui me donnaient pour résultat que les contours d'une rivière se forment naturellement dès le moment que son débit inférieur est moindre que la fourniture supérieure, et que lorsque ce débit est plus fort que la fourniture supérieure, les contours se détruisent peu à peu pour prendre une direction en ligne droite, et je faisais voir combien ces expériences coincidaient avec les contours que forme l'Isère, tant il est vrai que l'auteur de la nature a tout réglé pour notre avantage, et qu'avant de toucher à son économie, il faut être plus qu'assuré qu'il n'en résultera aucun inconvénient.

Il ne me reste plus qu'à expliquer ce que j'ai entendu dire à l'art. 61, par le mot prudence, qui ne doit s'appliquer qu'à un cas particulier, comme celui de l'Isère dans la haute et basse vallée du Graisivaudan.

L'on vient de voir que la partie inférieure de la vallée, ne suffisait pas, à beaucoup près, pour débiter toutes les fournitures d'eaux de la partie supérieure, puisqu'elles n'avaient d'autre sortie qu'entre le rocher de l'Echaillon, et les remblais du torrent de l'Oise; que ceux-ci avaient déjà beaucoup rétréci, et qui, par la suite, pourraient l'être davantage si on n'y mettait ordre. D'après cela je craindrais qu'en renfermant toutes les eaux de la haute vallée entre deux digues, on ne surchargeât trop ce débit inférieur et même le contour aigu que fait le lit de la rivière à l'angle du Mont-Rachet, contre lequel est appuyé la ville, par la raison qu'en renfermant, entre deux digues, toutes les eaux qui séjournaient pendant trois jours dans la haute vallée, on leur procurerait une plus grande vîtesse et par conséquent une plus forte fourniture, et surtout un remblais de matières vis-à-vis le rocher de l'Echaillon, déjà rétréci par les

dépôts du torrent de l'Oise; il faudrait donc
commencer par la partie inférieure, et pour
me servir de l'expression de M. du Buat,
par des progrès lens et mesurés, de peur d'en
trop faire, et surtout donner la plus grande
largeur possible au canal qui se trouverait
entre les deux digues. Il ne pourrait résulter
aucun inconvénient de redresser les petits
contours qu'elle y fait; ils sont si peu considérables qu'ils ne sauraient nuire au terrain inférieur au rocher de l'Echaillon : je
pense même que cela serait avantageux, si
l'on pouvait s'assurer que leur redressement
n'amènerait pas les dépôts dont je viens de
parler, lesquels seraient retenus par le contour aigu de la rivière autour du rocher,
contour déjà trop resserré par les déblais du
torrent de l'Oise.

Quant à la haute vallée l'on pourrait remplir, par de nouvelles réparations, les in-
tervalles de celles qu'ont déjà faites les particuliers, afin de rendre le terrain que le lit
de la rivière occupe de trop, sans aucune
digue exhaussée ; au-dessus du terrain l'on
pourrait simplement contenir la rivière dans
un lit déterminé suivant ses contours, afin
qu'elle ne puisse en sortir pour fouiller le

térrain ; par ce moyen on se procurera l'avantage du remblais qu'elle fera sur les graviers qui se trouveront hors de son lit lors
de ses crues, qui bien loin de nuire aux terres leur est très-favorable, et qui ne causent
d'autres malheurs que la perte d'une ré-
colte dont on est bien dédommagé dans la
saison suivante ; et si, par la suite et d'après
l'effet qu'auraient produit les digues de la
basse-vallée, on voyait qu'il n'y eût aucun
inconvénient de contenir l'inondation supérieure, l'on pourrait peu à peu remonter
des digues en commençant de Grenoble et
finissant à la tête de la vallée ; ce que je ne
conseille que pour satisfaire les riverains,
car le parti le plus sage est de laisser les
eaux de l'inondation libres de se répandre
dans la plaine, et de ne point avancer leur
arrivée sur Grenoble en les resserrant entre
deux digues : dans tous les cas, il faut réser-
ver, au milieu de son lit, des îles ou emplacemens favorables à occuper pour la défense
de la haute et basse vallée.

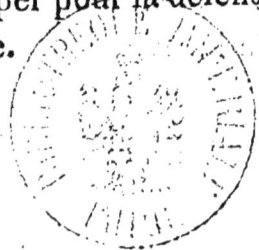

F I N.

www.ingramcontent.com/pod-product-compliance
Lightning Source LLC
Chambersburg PA
CBHW050021100426

42739CB00011B/2737